ENTERPRISE INTERNAL CONTROL &

企业内部控制与风险管理实战

冉湖　鲁威元　黄展雄　唐万春　著

RISK MANAGEMENT ACTION

中国原子能出版社　中国科学技术出版社

·北　京·

图书在版编目（CIP）数据

企业内部控制与风险管理实战 / 冉湖等著 . — 北京：中国原子能出版社：中国科学技术出版社，2022.12
ISBN 978-7-5221-1801-7

Ⅰ . ①企… Ⅱ . ①冉… Ⅲ . ①企业内部管理②企业管理—风险管理 Ⅳ . ① F272.3

中国版本图书馆 CIP 数据核字（2022）第 218259 号

策划编辑	申永刚　韩海丽
特约编辑	龙凤鸣
责任编辑	张　磊
封面设计	马筱琨
版式设计	蚂蚁设计
责任校对	冯莲凤　焦　宁
责任印制	赵　明　李晓霖

出　　版	中国原子能出版社　中国科学技术出版社
发　　行	中国原子能出版社　中国科学技术出版社有限公司发行部
地　　址	北京市海淀区中关村南大街 16 号
邮　　编	100081
发行电话	010-62173865
传　　真	010-62173081
网　　址	http://www.cspbooks.com.cn

开　　本	880mm × 1230mm　1/32
字　　数	172 千字
印　　张	9
版　　次	2022 年 12 月第 1 版
印　　次	2022 年 12 月第 1 次印刷
印　　刷	北京华联印刷有限公司
书　　号	ISBN 978-7-5221-1801-7
定　　价	69.00 元

前　言

伴随着人类出现社会分工，内部控制应运而生。最早时候，内部控制的雏形是内部牵制。在我国，最早的内部控制起源于西周时期，西周的财务、行政、会计、国库组织各自成系统，并在其间形成相互牵制的关系。在现代企业中，内部控制更是发挥着重要作用。

内部控制是现代企业管理工作的基础，是企业持续健康快速发展的重要保证。实践证明，企业的一切管理工作都是在健全的内部控制下开始的。良好的内部控制和风险管理可以保证企业经营管理合法合规、资产安全，财务报告及相关信息真实完整，提高经营效率，促进企业实现发展战略。

然而，企业要想做好内部控制和风险管理并非易事。内部控制和风险管理贯穿于企业经营管理的各个环节，是一项内容繁多、程序复杂的工程。基于此，本书从实务的角度对内部控制和风险管理的概念和实践策略做了系统的梳理，并结合实际案例和大量的图表，为读者呈现了极具实用价值的内部控制与风险管理实务指南。

本书共分为 8 个章节。

第 1 章从整体上介绍内部控制和风险管理的“前世今生”。内部控制发端于工业革命，发展于 20 世纪，盛行于 21 世纪，伴随着政治、经济和社会的发展而发展。本章不仅介绍了内部控制和风险管理产生的历史，还详细解读了内部控制和风险管理的定义，为读者初步了解内部控制和风险管理奠定基础。

在第 1 章的基础上，本书在第 2 章更详细地论述了什么是内部控制和风险管理，包括风险管理的目的和价值、风险管理的八大框架、内部控制的类别和要素、内部控制的问题以及风险管理与内部控制的区别等内容，旨在带领读者全面认识内部控制与风险管理。

第 3 章从内部控制与风险管理体系的设计角度出发，既介绍了企业在内部控制与风险管理中的误区与障碍，又说明了内部控制与风险管理体系的 7 个设计步骤以及设计工具，详细地指导读者如何设计一个完整的内部控制与风险管理体系。

第 4 章以财税为视角，介绍了什么是财务风险，企业如何有效识别财务风险预警信号以及财务风险的控制策略，指导读者如何识别并规避企业的财务风险。

第 5 章以人力资源管理为视角，介绍了企业存在哪些人力资源风险以及管理策略，指导读者如何做好人力资源风险管理。

第 6 章以信息科技管理为视角，介绍了信息科技风险的重要性、信息科技风险的管理框架以及控制措施，指导读者如何应对企业的信息科技风险。

第 7 章以供应链金融为视角，介绍了什么是供应链金融、供应链金融的融资模式、供应链金融的三大风险及风险控制措施，指导读者如何做好供应链金融风险的防范与控制。

第 8 章以常见的行业为例介绍了行业的常见风险及其控制措施，包括房地产行业、汽车行业、餐饮行业、教育培训行业等，为读者提供了行业内部控制与风险管理的范例。

本书有以下几个特点。

1. 指导性强

本书的目的就是帮助企业做好内部控制和风险管理，从建立健全内部控制体系、业务流程层面内部控制、常见行业的内部控制等方面对企业内部控制的整个流程做了详细介绍，具有很强的指导性。

2. 专业性强

作者具有丰富的企业内控管理与实践经验，对企业内部控制体系的建立健全、规范运作有着深刻的理论认识和独到的见解。

3. 实操性强

本书配有大量实战案例、表格，企业可结合自身的实际情况进行个性化的修改，也可参考书中的实践方案，做好本企业的内部控制和风险管理。

总之，本书围绕理论阐述、实践操作两条主线，将理论与实践紧密结合，具有较强的实践性和适用性。希望这本书能给想要做好内部控制和风险管理的企业一些启示和指导。

目录

第1章

从内部牵制到全面风险管理

内部控制的发展时间比较漫长，最早的“内部控制”出现在1936年的美国会计师协会（美国注册会计师协会的前身）发布的《注册会计师对财务报表的审查》中，其中指出：“注册会计师在制定审计程序时，应考虑的一个重要因素是审查企业的内部牵制和控制，企业的会计制度和内部控制越好，财务报表需要测试的范围则越小。”这反映出内部控制对企业的重要价值。

在内部控制漫长的发展过程，根据内部控制在不同发展阶段的特征，基本可以分为内部牵制、内部控制制度、内部控制结构、内部控制整体框架、全面风险管理5个阶段。

CHAPTER 1

1.1 第一阶段：内部牵制

20世纪40年代以前属于内部牵制时期。内部牵制，是指两个人或者两个部门之间相互弥补、相互牵制。也就是说，不能由一人完全支配账户，或者只由一人控制制度，以防止错误或舞弊行为。

《柯氏会计词典》对内部牵制的定义是："为提供有效的组织和经营，并防止错误和其他非法业务发生而制定的业务流程，其主要特点是以任何个人或者部分不能单独控制任何一次或一部分业务权利的方式进行组织上的责任分工，每项业务通过正常发挥其他个人或部分的功能进行交叉检查或交叉控制。"

虽然内部牵制的定义时间上与我们相隔遥远，但是人们对它相对比较信服，因此它在现代的内部控制理论中仍占有相当重要的地位。它也成为现代内部控制理论中有关组织控制、职务分离控制的雏形。

这一时期，内部牵制有两个特点。

一是以"物"为目的，主要表现为以钱、账、物等会计事项为主要控制对象。

二是主要内容是账目间的相互核对，并设立不兼容岗位。

规定一项经济业务需由两人或两人以上负责完成。如出纳业务由出纳人员收支款项但不得兼管稽核，会计档案保管和收入、费用、债权债务账目的登记工作实行账、钱物分管。在内部牵制阶段，企业的主要行为还是内部员工和岗位上的控制，最大的目的就是降低员工或部门的徇私舞弊行为。

1.2 第二阶段：内部控制制度

20 世纪 40—70 年代，在内部牵制思想的基础上，产生了内部控制制度的概念，也由此进入内部控制的第二个阶段——内部控制制度阶段。

1949 年美国会计师协会的设计程序委员会发表了一份题为《内部控制、协调系统诸要素及其对管理部分和注册会计师的必要性》的专题报告，该报告对内部控制首次做出了权威定义："内部控制是企业所指定的旨在保护资产、保护会计资料可靠性和准确性、提高经营效率、推动管理部分所指定的各项政策得以贯彻执行的组织计划和相互配套的各种方法及措施。"

该报告是从企业管理的角度定位内部控制，内容上不局限于与会计和财务部门直接相关的控制，还包括预算控制、成本控制、定期报告、统计分析、培训计划、内部审计以及技术与其他领域的活动。

同时，内部控制制度理论认为内部控制应分为内部会计控制和内部管理控制两个部分。内部会计控制包括与财产安全及财产记录可靠性有关的所有方法和程序，旨在保护企业资产，检查会计数据的准确性和可靠性。内部管理控制包括组织规划的所有方法和程序，这些方法和程序主要与经营效率和观察执行方针有关，旨在提高经营效率，促使有关人员遵守既定的管理方针。

（1）内部控制制度设计的意义

内部控制制度的设计具有重要意义，具体表现在以下五点。

一是有效保障企业活动平稳运行，让员工各司其职，提高企业的运营效率。

二是保证数据真实正确，进而保证信息的质量。

三是保证企业财产安全，也有效降低企业资产被滥用、盗用的风险。

四是保证企业各项政策、条例得到贯彻和执行。

五是为开展审计工作创造条件。

（2）内部控制制度设计的原则

为了确保内部控制制度能够真正发挥作用，企业在设计内部控制制度时，需要坚持以下五个原则。

一是适合控制环境的原则。一般情况下，控制环境的内容包括公司的治理结构、管理层的风险管理思想和意识、企业组织结构的分工、员工的工作素养和道德素养、员工的培训和考核、企业内部防范风险和化解风险的意识等。企业在设计内部控制制度时，一定要关注所设计出制度是否适合控制环境，并将践行方案落实到内部控制制度中去。

二是有效控制风险的原则。内部控制制度的目的就是防范风险，因此企业在设计内部控制制度时必然要以控制风险为原则。

三是不相容职务分离控制的原则。不相容职务是指若是由一个人担任，不仅可能发生错误和舞弊行为，还有可能掩盖其错误和弊端行为的职务。企业设置不相容职务分离控制，能有效地降低企业内部徇私舞弊的可能性。

四是业务授权处理的控制原则。业务授权处理是指在职务分离控制的基础上，进一步明确各级管理人员的职责范围和业务处理权限，以避免各级管理人员在工作或发生纠纷时互相推诿。

五是信息记录安全的控制原则。内部控制制度相关的文件信息的记录是保证内部控制制度有效运行的重要保障。如果这些信息记录出现错漏、遗失等问题，对企业将会产生极大的危害，因此需要加强对内部控制制度相关的文件信息记录的控制。

总体来说，内部控制制度阶段的特点主要表现为两点。

一是以“表”为目的，主要表现为企业以表格的形式将内部控制的各项内容展现出来。

二是内部控制评价的地位越来越凸显，抽样审计的出发点成了内部控制评价，甚至开始超出会计范畴。

总之，在这一阶段，企业控制的目标从防止企业内部出现欺诈和徇私舞弊的现象扩大到实现经营管理目标。

1.3 第三阶段：内部控制结构

进入 20 世纪 80 年代，内部控制的理论研究又有了新的发展，即进入第三阶段——内部控制结构阶段。在这一阶段，内部控制由偏重研究具体的控制程序和方法发展成为对内部控制系统全方位的研究，其标志是美国 AICPA（美国注册会计师协会）于 1988 年 5 月发布的《审计准则公告第 55 号》（以下简称“公告”）。

在公告中，以“内部控制结构”概念取代了“内部控制制度”，并指出：“企业内部控制结构包括为合理保证取得企业特定目标而建立的各种政策和程序。”认为内部控制结构由 3 个要素组成，即控制环境、会计系统和控制程序。其中控制环境是指对建立、加强或削弱特定政策和程序的效率发生影响的各种要素，主要表现在股东、董事会、经营者及其他员工对内部控制的态度和行为。会计系统是指规定各项经济业务的确认、计量、记录、归集、分类、分析和报告的方法，也就是要建立企业内部的会计制度。控制程序是指管理当局可指定的用以保证达到一定目的的方针和程序。

与以前的内部控制定义相比，公告对内部控制的定义发生了两个变化：一是提升了控制环境的重要性。具体来说，不再将控制环境作为内部控制的外部因素看待，而是将其纳入内部控制的范畴，并认为其是内部控制体系得以建立和运行的基础和保证。二是不再区分会计控制和管理控制，而是统一地以要素来表述内部控制，实现了内部控制从零散走向系统。总之，在这一阶段，内部控制的发展完成了从实践到理论的升华。

1.4　第四阶段：内部控制整体框架

进入20世纪90年代以后，经济环境变得更为复杂、动荡，各种舞弊案件层出不穷。与此同时，反舞弊的呼声也越来越高并引起广泛共鸣，内部控制研究也由此进入第四阶段——内部控制整体框架阶段。

1992 年，由美国会计学会、注册会计师协会、美国内部审计师协会、财务经理人员协会和管理会计师协会等组织成立的专门研究内部控制问题的美国虚假财务报告委员会的后援组织委员会（The Committee of Sponsoring Organizations of the Tread-way Commission，简称 COSO 委员会）发布了指导内部控制的纲领性文件 COSO 报告——《内部控制——整体框架》，并在 1994 年进行了增补，这份报告也被称为内部控制发展上的又一里程碑。因此，我们认为 20 世纪 90 年代开始进入基于企业风险控制的内部控制整体框架阶段。

COSO 报告指出："内部控制是由公司董事会、管理层和其他员工实施的，为实现经营的效果性和效率性、财务报告的可靠性以及使用法律法规的遵循性等目标提供合理保证的一个过程。"同时，COSO 报告提出了内部控制由控制环境、风险评估、控制活动、信息与沟通和监督检查 5 个相互独立又相互联系的要素构成。

COSO 报告将 5 个要素之间的关系以金字塔结构进行呈现，如图 1-1 所示。

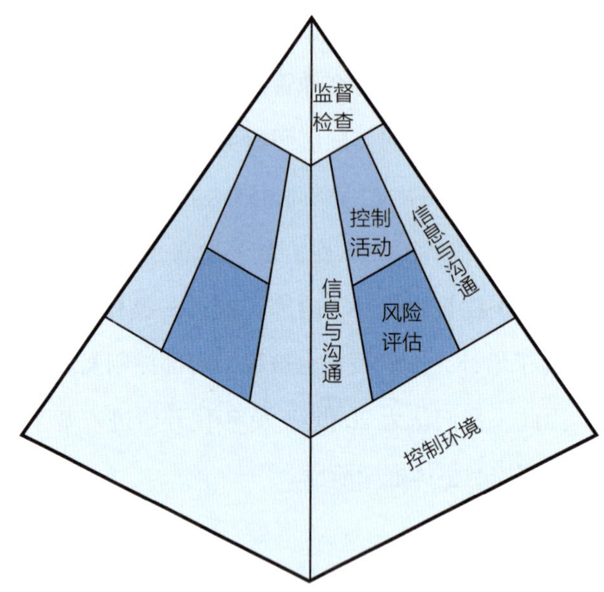

图 1–1 内部控制系统整体架构的金字塔

在图 1–1 的金字塔结构中，控制环境是整个内部控制系统的基础，是其余要素发挥作用的前提条件。如果没有它，其他的要素也就无所依存。换句话说，如果没有一个有效的控制环境，那么其余 4 个要素无论其质量如何，都不能发挥出价值，也不能形成有效的内部控制。很大程度上说，COSO 报告是内部控制发展史上的一座重要里程碑，其提出的观点备受业内推崇，成为世界通行的内部控制权威标准，被国际组织和众多国家所采纳，对我国的会计理论和会计实务方面也具有非常大的启示和借鉴价值。

2004 年 9 月，COSO 委员会又提出了《企业风险管理——综合框架》，它涵盖了内部控制整体框架的内容，在内部控制五大要素的基础上增加了目标设定、事项识别、风向应对三个要素，使其成为八大要素，同时增加了战略目标。

总的来说，这个阶段最大的特点就是从法律的层面成立了很多和内部控制相关的机构以及制定了相应的法令条规，因此这一阶段也被称为“恪守法案阶段”。

1.5　第五阶段：全面风险管理

21 世纪以来，在 1992 年 COSO 报告的基础上，结合其他的重要资料，业内对企业风险管理进行了扩展研究，也因此进入基于企业风险管理的内部控制整体框架阶段。这一阶段起源于 2002 年美国的安然事件。

安达信是一家美国知名的会计师事务所，曾经是全球五大会计师事务所之一，然而它在 2002 年倒闭了。

倒闭的原因与美国另一家知名企业安然公司的破产案密切相关。安然公司曾是世界上最大的电力、天然气以及电信公司之一，资产规模曾达 1000 多亿美元。

但是在 2001 年 10 月 16 日，安然的命运发生转变。当天股市收盘之后，安然发布了第三季度财报，其中有一项是公司一次性冲销了超过10亿美元的税后投资坏账，而这笔巨额坏账是在安然和两家关联公司的交易中形成的。

于是美国证券交易委员会第二天就对安然展开调查。在调查中发现，在此前的3年中，安然虚增盈利5亿多美元，少列债务6亿多美元，虚增股东权益则达数十亿美元。而后一个多月，安然股价从近40美元自由落体式地跌到4美元。2001年11月底，安然申请破产保护。

在调查安然的同时，安达信也受到了调查。因为安达信自安然公司成立之初就为它做审计，并且安然一半的董事与安达信有着直接或间接的联系，甚至首席会计师和财务总监都来自安达信。

很大程度上说，正是因为安达信的“帮助”，安然可以将数亿美元的债务转至不见于公司资产负债表的附属公司或合资企业的账上，从而使得债务隐藏在财务报表之外，同时又能将不应记作收入的款项记作收入，以这种偷梁换柱的造假方式虚报公司盈利。随着更多的黑幕揭开，安达信公司也由此宣告倒闭。

安然、世界通讯、施乐等企业的财务舞弊案相继爆发，暴露了这些企业在内部控制上存在的问题，包括管理层越权、职责不分、董事会监督无效、渎职等。经过安然事件，美国公司经过深刻彻底的反省，认为风险管理依然存在问题。2002年，美国国会通过了著名的《萨班斯－奥克斯利法案》。该法案明确规定，公司管理层需要对财务报告内部控制的有效性进行报告和评价，独立会计师要对管理层提供的内部控制评价报告进行鉴定。2004 年，COSO 结合《萨班斯－奥克斯利法案》的具体要求，在内部控制整体框架概念的基础上，提出了《企业风险管理——整体框架》，使内部控制进入了一个新的发展阶段，即全面风险管理阶段。

我国国有资产监督管理委员会 2006 年 6 月发布的《中央企业全面风险管理指引》中对全面风险管理的定义是“指企业围绕总体经营目标，通过在企业管理的各个环节和经营过程中执行风险管理的基本流程，培育良好的风险管理文化，建立健全全面风险管理体系，包括风险管理策略、风险管理措施、风险管理的组织职能体系、风险管理信息系统和内部控制系统，从而为实现风险管理的总体目标提供合理保证的过程和方法。”

与 1992 年 COSO 报告提出的内部控制整体框架相比，企业风险管理架构有 3 点变化。

一是提出了一个新观点——风险组合观。即要求企业的管理者用风险组合的意识看待风险，并积极采取有效的措施降低风险。

二是增加了一类目标——战略目标。通常，内部控制框架将企业目标分为经营、财务报告和合规性 3 类目标。但是内部控制企业风险管理架构比内部控制架构增加了一类新的目标，即战略目标。战略目标的层次比其他 3 个目标更高，因此其他 3 个目标要以战略目标为导向。

三是提出了两个新概念——“风险偏好”和“风险容忍度”。风险偏好是企业在实现企业目标的过程中，决策者心理上对待风险的一种态度。风险容忍度的概念是建立在风险偏好的基础之上的，是指在企业经营目标实现的过程中对差异的可接受程度。

内部控制发展进入第五阶段，也有了一个很明显的提升，既对内部控制架构有了扩展和延伸，又比内部牵制更完整、有效。

综上，从内部牵制到全面风险管理，企业内部控制的发展经过 5 个阶段后也逐渐成熟起来，由此能让管理者从中得到更多的启示，降低企业风险出现的可能性。

第2章

全面认识内部控制与风险管理

什么是内部控制？什么是风险管理？企业可以从哪些角度认识内部控制与风险管理？本章旨在引导读者全面认识内部控制与风险管理。

CHAPTER 2

2.1 什么是风险管理?

风险无处不在。企业在经营、发展的过程中也存在一定的风险，如债务风险、运作风险、操作风险、政策风险、市场风险等。如果任由风险出现、发展，那么风险就会变成危险，给企业的发展带来阻碍甚至是毁灭性的打击。相反，如果采取有效的办法加以控制，那么风险也可以被降低、规避，甚至变成发展机遇，这就是风险管理。

2.1.1 风险与风险管理

任何企业的经营发展都会遭遇风险。风险是指在某一特定环境下会发生损失的可能性。国资委发布的《中央企业全面风险管理指引》中对企业风险的定义是:“未来的不确定性对企业实现其经营目标的影响。”也就是说，影响企业经营目标的不确定性因素都有可能是风险。

企业风险具体包括六大类。如图 2-1 所示。

（1）战略风险

战略风险是指企业因战略实施错误而导致经济损失的风险，包括宏观经济、国家政策、投资策略、并购重组、赢利模式等方面的风险。例如企业实施了错误的投资战略使得企业资产受到重创。

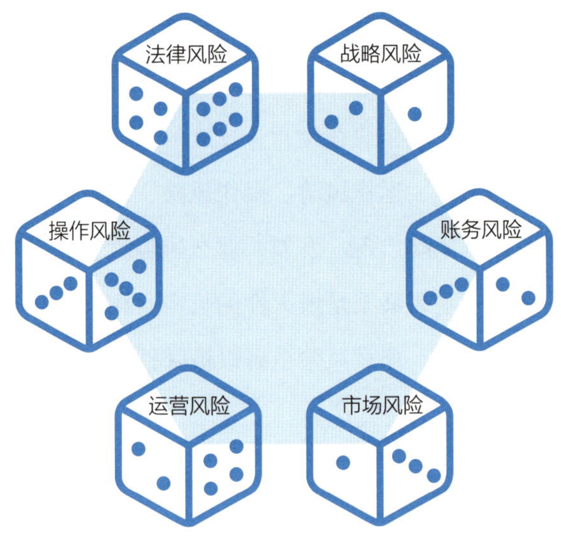

图 2-1 企业的六大风险

（2）财务风险

财务风险是指企业因财务状况出现不确定性，例如借入资金而产生的丧失偿债能力导致的风险，从而使企业有蒙受损失的风险。最常见的财务风险是企业的负债，除此之外，还包括现金流风险、资金管理风险、预算管理风险、成本费用风险、担保风险、税务管理风险、资本运作风险等。

（3）市场风险

市场风险是指未来市场价格（利率、汇率、股票价格和商品价格）的不确定性或者价值变动对企业的不利影响。例如企业没有关注到产品、服务价格及供需变化，采取了错误的市场策略。

（4）运营风险

运营风险是指企业在运营过程中，由于外部环境的复杂性和变动性对企业造成的风险，包括生产组织、产品工艺、质量管理、库存管理等方面的风险。

（5）操作风险

操作风险是指企业内部人员在操作过程中的人为错误等原因造成的风险。

（6）法律风险

法律风险是由于企业外部法律环境发生变化或法律主体的作为及不作为，没能遵循法律规定或合约约定，而对企业产生负面法律责任或后果的可能性，包括国家法律、政策、法规、诉讼纠纷等方面的风险。例如企业经营的产品违反了监管要求或者企业行为违反了行业准则而招致风险。

面对风险，如果企业采取有效的办法加以控制，那么风险是可以降低或规避的；相反，如果风险出现，任由其发展，那么风险就会变成危险，给企业的发展带来阻碍甚至是毁灭性的打击。所以，企业要想转化或降低风险，就需要采取积极的态度，采用有效的方法去控制。简单地说，就是企业要进行风险管理。

风险管理是指通过制定各种控制措施来降低不确定性对目标的影响，将各种风险可能造成的不良影响减至最低的管理过程。风险管理对现代企业的经营发展有着十分重要的作用。良好的风险管理不仅可以有效地降低企业遭受风险的可能性，避免损失，还有助于提高企业本身的附加价值。

总而言之，风险无处不在，企业要想在经营发展的过程中较少地遭受风险的侵袭，将企业的经营风险降低到最小，就一定要做好风险管理。

2.1.2 风险管理的目的与价值

企业风险管理的最大目的就是通过风险识别、风险预测、风险评估等环节有效地控制和妥善处理风险对企业所造成的后果，从而以最小的成本收获最大的安全保障。

（1）风险管理的目的

如果把“最大目的”细分到企业管理工作中，企业进行风险管理主要有以下几个目的。如图 2–2 所示。

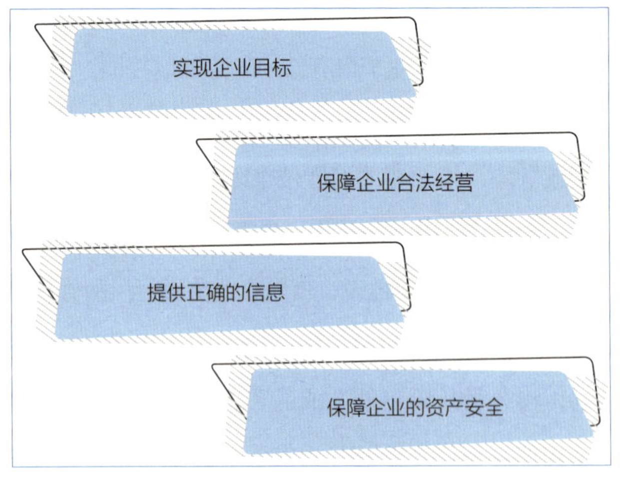

图 2–2 企业风险管理的目的

一是实现企业目标。风险管理的直接目的是实现企业目标，包括企业的经营目标和战略目标。

二是保障企业合法经营。企业做好风险管理，可以有效地保障企业的经营活动和行为符合国家的相关法律法规和政策，进而减少违规行为。

三是提供正确的信息。企业通过风险管理规范相关的经营流程和业务内容，确保相关信息的真实性、合法性和合规性。

四是保障企业的资产安全。企业实施风险管理可以维护企业的资产安全，包括企业的应收账款、存货、固定资产、后备资金、长期股权投资等，从而保障企业的资产安全，降低资产受到不正常损失的风险。

可以说，风险管理的目的一方面是规避风险，以保障企业经营目标得以实现；另一方面是确保企业的经营行为遵守相关法律规定，并确保企业内外部实现可靠的信息沟通。

（2）风险管理的价值

风险管理对企业意义重大，也具有特殊的价值性，具体表现在以下五点。

一是提升企业应对风险的能力。随着竞争环境越来越激烈，企业所面临的内外部环境也越来越复杂，不确定因素也越来越多，做出科学决策的难度越来越大。风险管理有助于帮助企业在变化莫测的市场环境中做出正确的决策，并提高企业应对风险的能力。

二是提高企业的经营效率。企业经营的目标是追求利润最大化，但是企业在经营发展中又会因为遇到各种不确定的风险而导致企业经营活动目标难以顺利实现。风险管理既可以化解各种不利因素，保障企业资产的安全和完整，也有利于提高企业的经济效益。

三是提高决策的科学性。通常，风险管理通过利用科学系统的方法管理和处置各种风险，来帮助企业减少和消除各种风险和失误，这些都对企业做出科学的决策、进行正常的经营生产具有重大的意义。

四是为员工提供安全可靠的企业环境，进而提高员工的工作效率。某种程度上说，当企业内部制定各种风险管理战略，设计并实施风险防范措施时，无形间为员工提供了安全、有保障的企业环境。这些能消除员工的后顾之忧，并让员工全身心地投入工作中，提高工作效率。

五是促进国民经济健康发展。企业是国民经济的重要组成部分，企业的兴衰与国民经济的发展有着密切的关联，企业通过有序经营能够很好地促进整个国民经济的健康发展。

综上，企业若是做好风险管理，对内能够降低风险，提升经营效益；对外能够为国民经济的发展作出不可忽视的贡献。当然，风险管理并不能一劳永逸。企业要想持续发挥出风险管理的价值，达到风险管理的目的，就要持续地做好风险管理，让企业运行在一条安全的有发展前景的道路上。

2.1.3 风险管理框架的八大要素

在第 1 章第 5 节，我们介绍了全面风险管理，并提到了风险管理架构。COSO 风险管理框架把风险管理的要素分为八个：内部环境、目标设定、事项识别、风险评估、风险反应、控制活动、信息与沟通、监控。如图 2-3 所示。

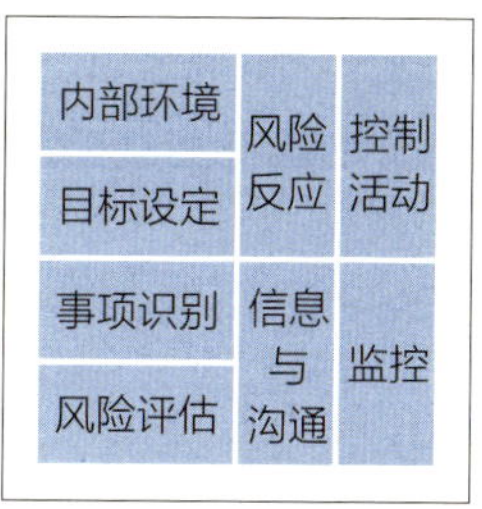

图 2-3 风险管理框架的八大要素

（1）内部环境

内部环境是风险管理框架中其余七大要素的基础，它有效地影响着企业内部人员的风险管理意识，也为其他要素提供约束。通常来说，内部环境因素的内容有风险管理理念、董事会的监督、员工的道德观和胜任能力、人员的培训、管理者及其经营模式、董事会、人力资源管理与实务、管理哲学、组织结构、权责分配等。

（2）目标设定

每个企业在经营的过程中都会遭受内外部风险，而目标设定则是进行事项识别、风险评估和风险应对的重要前提。这里所指的目标主要指战略目标和相关目标，其中相关目标包括经营目标、财务目标、合规目标等子目标。

值得强调的是，在目标设定过程中，企业一定要做到相关目标要和企业的战略目标、战略方案保持一致，并与企业使命、企业的风险偏好保持一致。此外，企业还要确保目标与企业的风险容量相协调。

（3）事项识别

事项识别是指企业并不能确切地知道某一事项是否会发生、什么时候发生或者会产生什么样的结果等。通常来说，这些不确定的因素会受到企业内外部的影响，其中外部因素包括经济、政治、市场、竞争者的技术等，内部因素包括员工、生产过程和技术等事项。

企业在做事项识别时要注意两点。

一是事项识别既要关注过去，也要看向未来。具体来说，关注过去表现在关注违约的历史、商品价格的变动情况等；看向未来是了解时间长短的最新定向、竞争对手采取的行动和战略等。

二是企业在事项识别的过程中，要关注各事项之间的联系，并且通过评估这些联系来进一步确定企业进行风险管理活动的重点和方向。

（4）风险评估

风险评估是企业分析和确定目标实现过程中可能会遭遇的

风险，并为风险管控提供基础。由于风险时常存在，所以风险评估也是一个持续性和重复性的活动。

在风险评估环节，企业需要注意两点。

一是从风险发生的可能性和影响两个方面对风险进行评估，其中可能性是指某个事件将会发生的或然率，而影响则代表它的后果。也就是说，企业在做风险评估时，一定要对风险做出系统且全面的分析，考虑风险发生的可能性及其影响，包括对固有风险和残存风险进行评估、对可能性与影响进行评估、对技术进行评估。

二是采取定性和定量相结合的方式做风险评估。定量分析通常能带来更高的精确度，而定性分析可作为在定量化评估无法实现的情况下的补充。

（5）风险反应

风险反应是指企业在风险识别和评估之后，采取的规避风险或降低风险影响的措施。一般来说，企业在面对不同的风险时有 3 种常见的反应，分别是回避接受、降低和分担、承受应对。

在风险反应环节，企业需要注意的是：企业要意识到不同的应对方案会对可能性和影响产生不同的效果。因此，在风险应对环节，企业需要根据不同程度的风险选择与之对应的风险应对措施。换句话说，企业要选择一个可以使得企业风险发生的可能性和影响都落在风险容忍度范围之内的风险应对方案。

（6）控制活动

控制活动是帮助确保管理层实施风险应对的政策和程序。一般，控制活动的发生遍及整个企业的各个层级和部门，如核准、授权、验证、调节、经营业绩评价、资产安全及职责分离等。具体来说，控制活动表现在7个方面，即不相容职务分离控制、授权审批控制、会计系统控制、财产保护控制、预算控制、运营分析控制和绩效考评控制等。

管理者在控制活动环节，需要做好两点。

一是管理者在执行程序时要敏锐地、持续地关注所针对的情况，及时地做出行动。

二是管理者要针对企业的实际情况灵活地在各种类型的控制活动中做出选择，包括预防型的、侦察型的、人工型的、计算型的等。

（7）信息与沟通

信息与沟通是指企业获取信息的途径和能力。

企业的各个层级都需要信息，信息也是确保员工履行职责的必要条件。进一步说，信息可以帮助企业内部的员工了解他们的企业风险和其他职责的相关信息，以便识别、评估和做出应对，进而实现经营目标。这里所说的信息既包括与企业经营相关的财务及非财务信息，又包括从外部获取的行业、经济、监管信息以及内部产生的经营管理、财务等方面的信息。沟通是指信息在企业内部各层次、各部门以及在企业与外部环境（包括客户、供应商、监管者和股东等）之间的传递。全面的沟通不仅表现在企业内部沟通，如上下级之间、同事之间以及跨部门之间，还表现在企业与外部利益相关方之间的信息沟通和交换。

（8）监控

监控是指企业需要评估风险管理要素的内容和运行的效果，或者评估某一时期的风险管理工作的执行质量。通常情况下，监控一般以持续监控活动和专门评价两种方式进行。

持续监控活动的价值是能在日常工作中获取能够判断内部控制与风险管理执行情况的信息，从而可以在风险发生前就予以发现并采取控制活动。而专门评价一般发生在事后，即总结风险管理中的活动。虽然很多企业都有着良好的持续监控活动，但是与此同时，定期对企业风险管理进行专门评价也非常重要。

以上八大要素构成了风险管理的框架。企业要想系统地把握风险管理，就要积极地研究风险管理框架，了解各个要素含义和重要价值。

2.1.4　数据在风险管理中的作用

不可否认的是，在企业经营发展的过程中，管理者很难从日常事务中觉察出风险的存在。那么，管理者如何在潜在风险爆发之前就能发现风险呢？数据无疑是最佳突破口。

数据在风险管理中有着非常重要的作用。一方面，企业的一切经营活动都离不开数据的监督和调控，如生产、经营、销售、存货等；另一方面，管理者和相关的财会人员可以通过数据了解企业当前的资产和负债情况，通过整理、分析和寻找原因等措施，能有效地修正企业当前的财务问题，进而不断提高企业的经营效益，促进企业发展。

一般来说，企业在风险管理中既要关注企业内部数据，又要关注外部大数据。

企业内部主要关注以下三类数据。如图 2–4 所示。

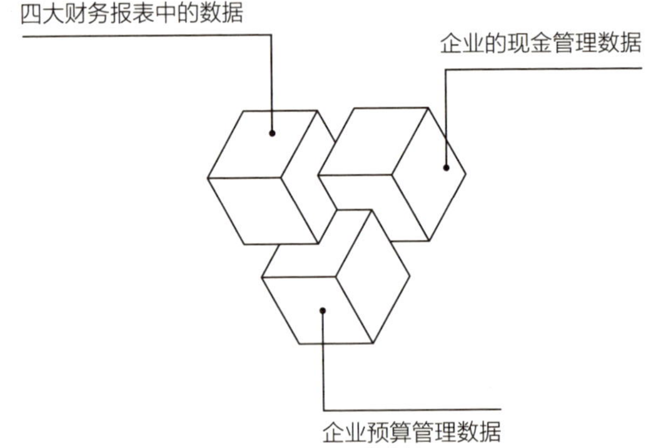

图 2–4　企业内部主要关注的三类数据

（1）四大财务报表中的数据

财务报表包括资产负债表、利润表、现金流量表和所有者权益表。如表 2–1 所示。

表 2–1 四大报表的定义及其数据反映出的信息

报表	定义	数据反映出的信息
资产负债表	反映的是企业的整体状况，包括企业累计至某个时点所拥有的资产和负债，以及截至某个时点企业的价值（所有者权益）	应收账款多不多 预付账款多不多 存货是否太多 运作资金是否足够 账上的现金多不多 长期投资有多少 企业的偿债能力是不是足够强 短期的负债业务会不会太高，资产盈利是多少 股东投资了多少钱，报酬率有多少
利润表	反映的是企业利润计算过程的报表，其很直观地列出了利润是怎样计算来的，包括月、季、年的利润	企业产品的成本费用是否过高 人事和销售方面的投入资金是否过高 研发新产品费用是多少 营业外支出有多少，主营业务税金有多少 利息负担是否过于沉重，每股利息到底能赚多少钱 设备折旧费用有多少
现金流量表	反映的是企业在一定时间内现金和现金等价物的增减变动情况	企业是否有足够的支付能力、偿还能力和周转能力 企业本期有多少现金支出，有多少现金收入 企业的这些收支来源何处，企业来自借款的现金流量有多少 企业本期获利的现金有多少

续表

报表	定义	数据反映出的信息
所有者权益表	反映的是企业本期内（年度或中期）至期末所有者权益变动情况的报表	所有者的获利或者损失是多少 企业的累积盈余是多少 员工的分红多不多

四大财务报表既能显示出企业当前是否安全运行的基本信息，同时也能真实地反映出企业的经营状况和财务状况，为管理者改善经营管理、科学决策提供可靠的依据。管理者可以通过分析四大财务报表，根据表中的数据，多角度诊断企业的财务状况，了解企业当前的风险程度。

（2）企业的现金管理数据

现金流是企业的血液。如果企业在经营管理过程中能够精确地预测现金流，就可以最大程度保证资金流的安全性。因此，企业要及时查看每月现金流入、流出的数据，了解数据变动是否在可控的范围内。如果数据出现异常，企业除分析、查找原因外，更要做好资金计划，保证资金的顺畅流通，合理控制企业经营风险。

（3）企业预算管理数据

企业预算管理是指管理者通过整合企业的资金、业务、信息、人才，以明确资源的合理分配。目的在于降低风险和损失，提高企业管理水平和经营效率，实现企业价值最大化。预算管理的内容包括销售预算、生产预算、直接材料预算、直接人工预算、制造费用预算、综合预算、资产负债表预算和利润表预算等，企业可以根据这些预算数据了解企业需要支出多少预算，是否在企业风险可控的范围内，是否会给企业造成资金压力等。

企业通过预算管理数据不仅可以分析已经发生的风险，进而有的放矢地采取应对措施；还能更细致地洞察企业整体的成本、质量、损失风险等，进而更精准地预测未来发展的动向，降低潜在风险发生的可能性。

除了企业内部的数据外，外部的大数据对企业风险管理同样具有重要的指导意义。

大数据是指无法在一定时间内用常规软件工具对其内容进行抓取、管理和处理的数据集合。大数据具有大规模、多样性等特点，企业可以利用大数据对各种经营管理过程中所产生的数据进行有效的收集、分析和处理，并提取出对本企业有价值的数据信息。大数据分析既能帮助企业有效管控各种风险，如市场风险、操作风险等，还能够通过进一步量化分析为企业做决策提供依据和基础。

随着经济环境越来越复杂，企业所处的生存环境也更为艰难。相对于传统的风险管理技术来说，大数据技术为企业风险管理带来了更加精准、便捷、有效的技术支持，所以企业一定要重视大数据在风险管理中的重要作用，同时全方位提升企业的大数据技术，实现更加科学、有效的风险管理。

2.2 什么是内部控制?

很大程度上说，企业经营失败、会计信息失真及不合法经营都可归结于企业内部控制的缺乏或失效。随着企业规范管理意识的加强，内部控制越来越受到企业的重视。那么什么是内部控制？它对企业的经营和发展有什么作用呢？它是如何平衡风险和收益的呢？本节将围绕以上问题展开讨论。

2.2.1 如何理解内部控制

内部控制是衡量现代企业管理的重要标志，“有控则强，失控则弱，无控则乱”，因此加强内部控制是任何企业都必须要面对并积极解决的事情。那么内部控制究竟是什么？为什么能发挥出如此巨大的作用呢？

1972年，ASB所做的《审计准则公告》中对内部控制的定义是“内部控制是在一定的环境下，单位为了提高经营效率、充分有效地获得和使用各种资源，达到既定管理目标，而在单位内部实施的各种制约和调节的组织、计划、程序和方法。”

1992年9月，COSO委员会提出了报告《内部控制整体框架》。该框架对内部控制的定义为“内部控制是受企业董事会、管理层和其他人员影响，为经营的效率效果、财务报告的可靠性、相关法规的遵循性等目标的实现而提供合理保证的过程。”

综合以上两个定义，我们可以得出：内部控制是企业通过包括自我调整、约束、规划、评价和控制等各种措施，以帮助企业降低风险、保证企业资产安全、防范各种舞弊行为，最终目的是实现企业的经营目标。

一般来说，内部控制可以按照以下几种方式进行分类。如图 2–5 所示。

（1）按事件发生的时间划分

按事件发生的时间划分，可分为前馈控制、同期控制和反馈控制。

前馈控制是发生在实际工作开始之前的控制。

同期控制是发生在活动进行过程中的控制，例如监督控制活动，在问题发生时可立即纠正。

反馈控制一般发生在行动之后，通过实际与标准或预算的对比来确定差异，并对问题采取纠正措施。例如了解产品的退回情况、处理客户的投诉等就属于反馈控制。

（2）按控制活动的功能划分

按控制活动的功能划分，可分为预防型控制、指导型控制、检查型控制和补偿型控制。

预防型控制是指在错误行为发生之前采取的控制，例如设

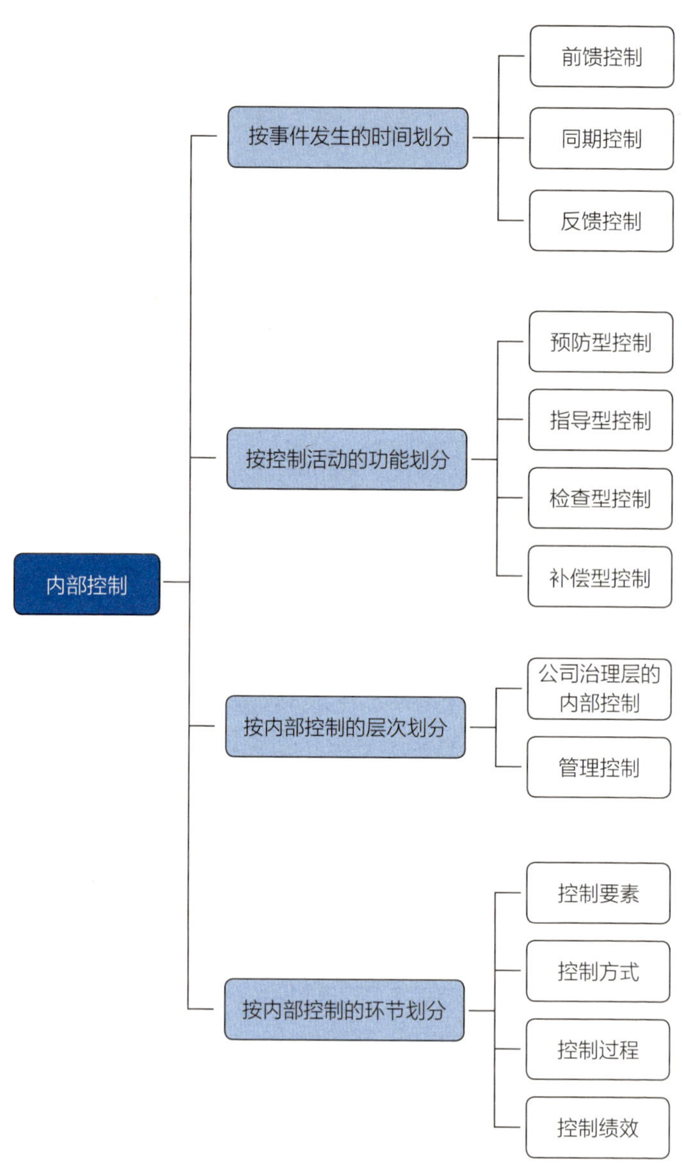
内部控制
按事件发生的时间划分
前馈控制
同期控制
反馈控制
按控制活动的功能划分
预防型控制
指导型控制
检查型控制
补偿型控制
按内部控制的层次划分
公司治理层的内部控制
管理控制
按内部控制的环节划分
控制要素
控制方式
控制过程
控制绩效

图 2-5　内部控制的分类

置不相容职责岗位分离、采取招标的方式选择供应商等。

指导型控制是为了确保实现有利结果而采取的措施，例如各种政策、指导手册等。

检查型控制是指为了发现已出现的不利事件而进行的控制，例如对账、清点库存等。

补偿型控制是指针对某些环节的不足或缺陷而采取的控制，例如由于企业人员有限，部分不相容职责很难分离，此时可通过加强监督的方式做出补偿。

（3）按内部控制的层次划分

按内部控制的层次划分，可分为两个层次，即公司治理层的内部控制和管理控制。

公司治理层的职责主要有董事会对经理层的选择、重大事项的决策权、审批权配置、制度的设计等。

管理控制又可以分为战略控制、流程控制和任务控制。战略控制是对战略实施的控制；流程控制是对企业的业务流程实施控制；任务控制主要是对企业的具体任务进行控制，包括审核、定期盘点与对账、账实核对等。

（4）按内部控制的环节划分

按内部控制的环节划分，可分为控制要素、控制方式、控制过程和控制绩效。

控制要素是指构成内部控制的要件，通常指人员控制、资金控制和信息控制三大要素。

控制方式是指为实现控制目标而采取的措施。比如通过奖励或企业文化的方式进行控制等。

控制过程通常是指针对不同业务流程和内容采取与之相对应的措施来实施控制目标，包括内部审计等。

控制绩效是指内部控制的效率和效果。通过评价前面的控制要素、控制方式和控制流程，来改进和提升内部控制的水平。

除此之外，在理解内部控制时，企业需要了解两个重点。

一是内部控制需要企业全体员工共同参与，人人有责。上至董事长，下至基层员工，都是内部控制的主体。当然，不同层级人员在其中承担的责任是不一样的。进一步说，董事会通常负责内部控制的建立、健全和有效实施；监事会则负责监督企业董事和管理层；经理层负责企业的日常运行；全体员工则是积极参与内部控制的建立和实施。由此可以看出，各层级都各司其职，并承担相应的责任。

二是内部控制关注全过程。内部控制绝不是仅仅张贴在墙上的管理制度，也不只是一条条让员工执行的控制措施，而是动态的管理过程。在内部控制中，没有哪个环节是可有可无的，也不存在没有风险的环节。内部控制不仅涉及所有的过程与环节，还涉及这些过程与环节的所有阶段。

以上是内部控制常见的分类方式。企业要想顺利开展内部控制的工作，就必须深入了解内部控制的定义和分类，为设计符合企业实际需求的内部控制策略奠定基础。

2.2.2　内部控制三角：目标、风险、控制

结合内部控制的定义，我们发现内部控制活动是围绕 3 个词进行的，即目标、风险、控制。三者的关系可以用一个循环三角来表示，如图 2-6 所示。

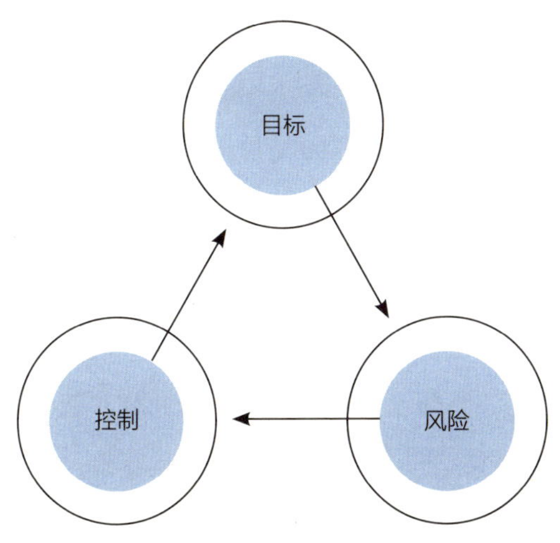

图 2-6　内部控制三角关系

基于内部控制的三角关系，我们要思考 3 个问题。

（1）内部控制的具体目标是什么？

在我国内部控制规范体系中，内部控制目标可以归纳为战略目标、经营目标、合规目标、资产安全目标和财务报告目标五类目标，也就是一般内部控制的目标。在一般内部控制目标的基础上，每个企业的内部控制目标都各有特色。如果企业只

是基于一般内部控制目标开展来做风险评估和应对，可能内部控制的结果比较全面、丰富，但是由于没有深入到企业内部的具体情况，对企业的经营效率和效果以及战略提升的帮助并不是很大。

在这种情况下，管理者需要思考的是在一般目标下，企业需要设立的具体内部控制目标是什么。如果内部控制建设是基于具体内部控制目标开展，则是以企业 KPI（Key Performance Indicator，关键绩效指标，简称 KPI）为核心，构建绩效指标体系，并对各个指标进行风险评估，并在此基础上进一步优化流程。

因此，如果企业希望内部控制建设取得更丰富的成果，可以基于一般内部控制目标开展内部控制建设；如果企业希望内部控制建设深入业务，帮助企业提升经营效率和效果，就要给予具体内部控制目标开展内部控制建设。

（2）潜在的风险是什么？

《中央企业全面风险管理指引》及其相关评价规定进一步将风险划分为战略风险、财务风险、市场风险、运营风险和法律风险五大类，并且每大类内部又分为一级、二级和三级风险。以法律风险为例，法律风险发生的原因可能是企业经营的产品违反了监管要求或者企业行为违反了行业准则，或者是供应商、合作方出现违约或信誉问题等。

为了让大家更清楚地了解企业生产和经营的活动中会面临

到哪些风险，我们以销售为例进行具体的讲解。

一般情况下，企业的销售活动面临的最大风险是销售不足。销售不足的原因有很多，可能是产品定位不清晰（战略风险），也可能是市场忽然出现了一个同类的优质竞争者提供了一个更优的解决方案（市场风险），或者客户因意外事件导致资金不足而出现的需求不足（运营风险），又或者授信过高导致后期坏账和催款成本激增（财务风险），再或者是企业的产品成分不符合新出台的政策（法律风险）等，如图 2-7 所示。某种程度上说，只要出现以上 5 种风险中的一种，就会让企业的销售活动遭受挫折甚至是重创。

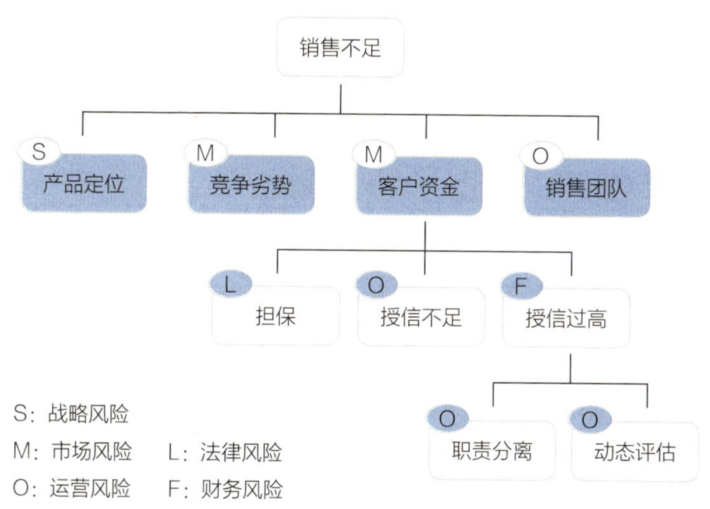

图 2-7　销售不足的风险

如何解决这些风险呢？管理者首先要将这些风险进行分

类，具体可分为战略性风险、战术性风险和操作性风险，然后针对这些风险思考与之对应的措施，并通过追踪检查确保这些风险都得到有效控制。

（3）可以采取的控制措施有哪些？

不少管理者特别是高层管理者在实行控制措施时，常常内心会有抱怨，认为控制体系只是一堆贴在墙上的措施及一些表格和签字，并没有真正将上面的内容实践下去，也没有人解释为什么要这么做。

因此，管理者在制定内控体系时，一定要思考“可以采取的控制措施有哪些”这一问题，将方案真正地落地，落到实处。进一步说，管理者要从战略、战术和操作层面确定控制措施。其中战略层面的主要控制措施是完善决策程序、决策标准和决策能力的建设等；战术层面的主要控制措施就是完善管理机制，包括岗位设置、预算管理、运营分析、绩效管理和预警机制等；操作层面的具体措施包括不相容职责分离、授权 / 审批、查证 / 核对 / 复核、财产保护和会计系统控制等。

在从战略、战术、操作层面确定控制措施之后，管理者还需要将控制措施嵌入管理过程。将内部控制建设最直观的成果（包括矩阵图、流程图等）制成内部控制手册，分享至企业内部所有成员。

总之，目标、风险、控制构成了内部控制三角，是内部控制建设的核心所在。

2.2.3 有效的内部控制：风险与经营回报的良好平衡

随着现代企业的发展和企业管理意识的进步，一味追求风险最小化的风险治理时代已经过去，现在企业面对风险更加理性，在风险和经营回报之间寻找平衡点逐渐成为内部控制的主流目标。

具体来说，内部控制平衡风险和经营回报主要表现如图2-8所示。

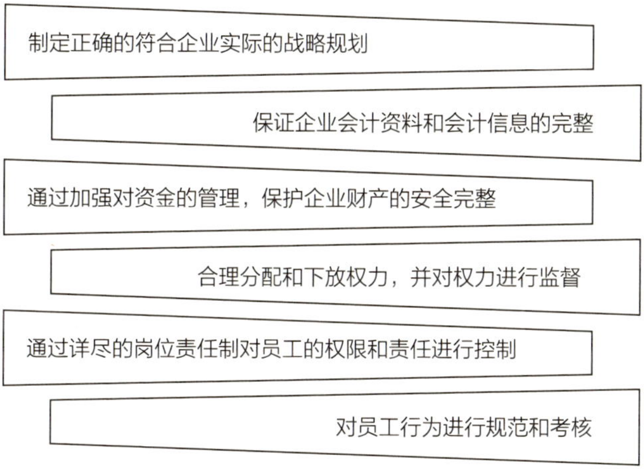

制定正确的符合企业实际的战略规划

保证企业会计资料和会计信息的完整

通过加强对资金的管理，保护企业财产的安全完整

合理分配和下放权力，并对权力进行监督

通过详尽的岗位责任制对员工的权限和责任进行控制

对员工行为进行规范和考核

图2-8 内部控制平衡风险和经营回报的主要表现

（1）制定正确的符合企业实际的战略规划

企业若想实现经营目标，就要做好战略规划工作，甚至企

业的一切行为都应围绕战略目标展开。当然，企业所制定战略也要结合企业的实际情况。正确的符合企业实际的战略规划不仅可以让企业又快又稳地实现经营目标，还可以让企业在市场环境中拥有更多的竞争优势。

在战略规划执行过程中，内部控制也能发挥出监督作用。企业可以把控所有员工的工作情况，监督员工的行为是否按照战略规划要求执行。在监督过程中，如果发现员工的行为与企业行为相背离，企业也可以通过内部控制及时做出积极的干预。

当发现企业各方面都按照战略规划进行，但是经营回报仍然出现问题时，管理者也需要立即意识到战略规划不适合企业并进行及时的调整。

（2）保证企业会计资料和会计信息的完整

会计资料和会计信息是企业的重要资产之一。其中会计资料主要包括会计凭证、会计账簿、财务会计报告和其他会计资料，主要用来记录和反映企业实际的经济业务情况；会计信息则是反映会计主体过去、现在、将来有关资金运营状况的各种消息、数据、资料等。这些财务信息都是对企业经营活动的反映。内部控制通过实施严格的控制流程确保会计信息的完整和安全，使得能够正确地反映企业的实际经营情况，并为管理者的决策提供重要的参考价值。

（3）通过加强对资金的管理，保护企业财产的安全完整

有效的内部控制能加强对企业资产和资金的管理，具体表现为会通过适当的方法对货币资金的收入、支出、结余以及各项财产物资的采购、验收、保管、领用、销售等活动进行控制，防止贪污、盗窃、滥用、毁坏等不法行为，保证财产物资的安全完整。

（4）合理分配和下放权力，并对权力进行监督

在企业内部，合理分配和下放权力十分重要，如果分配和下放得当，不仅能够提高员工工作的积极性，还能有效地提升工作效率。有效的内部控制可以帮助企业合理地分配和下放权力，并对权力进行监督。例如企业将各个部门的工作情况集中到一个平台上进行协调和控制，既能监督各部门权力的使用情况，又能考察权力下放的实际情况，以查看哪些地方还需要做出一些调整和改进等。

（5）通过详尽的岗位责任制对员工的权限和责任进行控制

在合理设置岗位的基础上，企业进一步将各个部门的业务活动划分为若干具体的工作岗位，在各个岗位上配备与之对应的工作人员，并规定这些岗位职责、工作标准等，对其权限和责任进行控制。

（6）对员工行为进行规范和考核

内部控制不只是反映在对企业内部事务的管理和控制上，还包括对员工的管理。在某种程度上说，员工行为能极大地影响其对企业作出贡献的有效性。内部控制一方面能够塑造一个良好的企业文化，潜移默化地影响员工的思想和行为，进而正确引导员工为企业战略目标的实现创造更大的价值；另一方面将员工行为纳入内部控制的范围内，管理者则更能明确员工的工作质量和工作表现，在对员工的工作行为进行监督和考核时也更有依据，为企业的长期发展奠定基础。

综上可以看出，企业就是通过有效的内部控制，在风险和经营回报间寻找平衡点，进而使得企业相对平稳地向前发展，实现目标。

2.2.4 内部控制常见的五大问题

虽然越来越多的企业认识到了内部控制的重要性，但是大多数企业的内部控制制度并不完善，也没有将内部控制贯彻到企业整个业务和操作环节中，具体表现为会计工作秩序混乱、核算不实，企业并未明确地划分出财会部门，通常会计、出纳和审核等事项均由一个人负责；企业隐瞒收入、虚报利润、逃避税收，等等。这些行为都会为企业经营带来风险。

具体来说，企业在实施内部控制时常会出现五大问题，如图 2–9 所示。

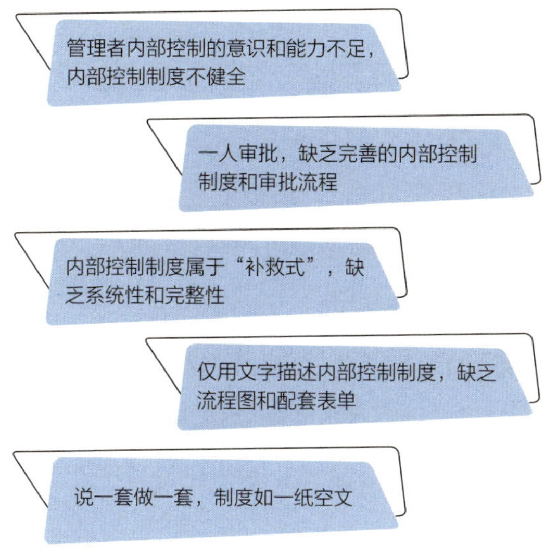

图 2-9　内部控制常见的五大问题

（1）管理者内部控制的意识和能力不足，内部控制制度不健全

不少管理者并没有完善的内部控制意识，他们往往将内部控制的焦点放在资金和企业的现金流上，认为现金流才是企业需要解决的头等大事。同时，即便有的管理者认识到了内部控制的重要性，但是“心有余而力不足”，因为缺乏系统且全面的内部控制知识，也无力建立健全有效的内部控制体系。因此，企业首先要从意识上重视内部控制，然后系统地学习有关内部控制方面的知识，为建立健全完善的内部控制制度奠定基础。

（2）一人审批，缺乏完善的内部控制制度和审批流程

不少管理者其本身也是经营者，常常集多种职务于一身，极容易形成各个环节审批都是由一个人完成的现象，缺乏完善的内部控制制度和审批流程。虽然从某种程度上说，一个人审批能够提高审批效率，快速解决问题，但是这一行为也反映出了企业内部管理上的弊端。

首先，鉴于管理者的时间和精力有限，如果所有的事情都由一个管理者来审批，导致的结果是该管理者疲于应付，很多审批并未仔细审核就草率签字，导致审批流于表面形式。

其次，如果缺乏相关支撑信息，其实管理者无法在短时间内形成合理的判断，很难做出正确的符合企业实际情况的决策。

最后，一个人审批容易造成专制集权，轻则影响企业的经营发展氛围，重则导致腐败，给企业发展带来重创。

（3）内部控制制度属于“补救式”，缺乏系统性和完整性

不少企业的内部控制都是在企业的发展中逐步建立起来的，常常表现为管理者在经营中发现了某种问题，于是相应地出台一个规范制度。例如管理者发现日常办公成本出现上升的现象，就立即颁布一个解决该问题的措施。虽然在某种程度上说，“亡羊补牢”也能发挥出一定的作用，但是这种“救火式”的制度往往也只能防范已发生过的风险，而对未发生的风险则考虑不足。另外随意地颁布一个措施也容易引起员工的负面情绪。

从另一个层面上看，这种“补救式”的制度也缺乏系统性和完整性，导致既缺乏信服力又难以有效执行。企业在设计内部控制体系和内容时，一定要系统、规范，包括制度的编号、格式、分类、内容、审批程序、执行及其他应注意事项都要详细具体，并以书面形式予以约束。

此外，管理制度和业务流程应由负责的职能部门自己编写或绘制，然后再由内部控制部门予以审核确认，并做合理的补充，以保证其系统性和完整性。

（4）仅用文字描述内部控制制度，缺乏流程图和配套表单

不少企业在制定内部控制制度时，常常都是以文字描述性东西确定下来。主要表现为两点：一是贴在墙上的内部控制制度都是以大段文字的方式呈现出来，二是内部控制制度以管理者的经验和口传方式呈现。其实，太多的文字描述性的制度并不利于让内部控制制度在各个部门中得到贯彻执行。因为文字的意义是模糊的，并且员工要花很长的时间去熟悉情况。

一套完整的内部控制需要包含三个部分：一是纯文字描述内容，二是工作流程图或流程等图画式的内容，三是相关凭证、表单、文件的样式汇总。三者结合更能展现出一个简洁明了、全面丰富的内部控制制度。这既能更好地让各部门的员工都能快速弄清楚有哪些办事程序、涉及的部门、人员和规章制度，又能让管理者和员工快速发现内部控制中的不足之处和风险点，从而有助于企业内部控制的持续改进。

（5）说一套做一套，制度如一纸空文

有的企业虽然建立了一套相对完善的内部控制制度，但是实际行为却与制定出的内部控制制度背道而驰，制度犹如一纸空文。内部控制制度不能有效执行原因主要有三个：一是已经制定出来的制度并不符合企业的实际情况，制度本身设计得不合理，在实施过程中出现了不适应；二是制度过于理想化或者不具备操作性，很难在现实的企业管理中得到真正地实现；三是既缺乏监督工作，又没有相应的奖惩措施，让企业内部各层级没有动力。

要想解决这个问题，企业就要从两个方面着手。

一是具体的内部控制制度由各执行部门自己拟定，然后交由内部控制部门审核。内部控制制度在审核的时候要坚持两点：第一，所制定出来的制度是否符合企业已经生效的制度与流程，审核与之相关的制度是否出现重复、交叉或是相互抵触的地方；第二，审核是否还有空白的控制点。

二是企业可以通过信息技术手段将内部控制执行的结果汇总成定期或不定期的报告，并提醒和通告各部门的负责人。必要的时候，管理者可以通过召开全部门会议的方式进行告知。

除了以上列举的五大问题外，企业在内部控制上表现出来的问题还有很多。重要的是，管理者能够从问题中看到启示，并有针对性地解决问题，完善内部控制，让内部控制发挥出价值，创造出成绩。

2.3　内部控制与风险管理的区别和联系

从第 1 章第 5 节的相关内容中，我们了解到风险管理是在内部控制的基础上发展起来的，因此它们的关系十分密切。它们既相互独立又彼此依存，存在一定的区别和联系。清楚地厘清内部控制与风险管理之间的区别和联系，能够使管理者更好地让内部控制与风险管理各司其职，发挥出各自的价值。

2.3.1　内部控制与风险管理的区别

在企业实际经营过程中，内部控制与风险管理密不可分，于是不少企业认为内部控制就是风险管理。虽然内部控制和风险管理都是通过控制或降低风险，保障企业经营目标实现，但是两者还是存在一定的区别，具体表现如表 2-2 所示。

表 2-2　内部控制与风险管理的区别

区别	内部控制	风险管理
范畴不一致	主要是通过事后和过程的控制来实现其自身的目标	贯穿于管理过程的各个方面
活动不一致	内部控制主要是对目标的制定过程进行评价，而不负责企业经营目标的具体设立	活动范围比内部控制大
对风险的定义不一致	没有区分风险和机会	将风险与机会区分开来
对风险的对策不一致	内容比起风险管理要少	内容会更丰富、全面

续表

区别	内部控制	风险管理
定义和要素不一样	定义为“受董事会、管理层及其他人员影响的，为达到经营活动的效率和效果、财务报告的真实可靠性、遵循相关法律法规等目标提供合理保证而设计的过程。” 有 5 个要素	定义为“由企业的董事会、管理层以及其他人员共同实施的，应用于战略制定及各个方面，旨在识别影响企业的各种潜在事件，并按照企业的风险偏好管理风险，为企业目标的实现提供合理保证的过程。” 有 8 个要素

（1）两者的范畴不一致

内部控制主要是通过事后和过程的控制来实现其自身的目标。但是，全面风险管理贯穿于管理过程的各个方面。它不仅体现在事中和事后的控制，还体现在事前制定目标时就充分考虑了风险的存在。因此，全面风险管理的范畴要大于内部控制的范畴。

（2）两者的活动不一致

全面风险管理的一系列具体活动并不都是内部控制要做的，换言之，全面风险管理的活动范围比内部控制大。

（3）两者对风险的定义不一致

在 COSO 委员会的全面风险管理框架中，把风险明确定义为“对企业的目标产生负面影响的事件发生的可能性”。它将产生正面影响的事件视为机会，将风险与机会区分开来；而在

COSO 委员会的内部控制框架中，没有区分风险和机会。

（4）两者对风险的对策不一致

全面风险管理框架引入了风险偏好、风险容忍度、风险组合观、战略目标等，内容更丰富、全面。另外，在内部控制的基础上，全面风险管理发展并延伸了内部控制的内涵，扩大了相关要素的范围。此内容在第 1 章第 5 节中我们做了具体的阐述。

（5）两者的定义和要素不一样

1992 年的 COSO《内部控制——整合框架》将内部控制定义为"受董事会、管理层及其他人员影响的，为达到经营活动的效率和效果、财务报告的真实可靠性、遵循相关法律法规等目标提供合理保证而设计的过程"。它由 5 个方面的要素组成：控制环境、风险评估、控制活动、信息与沟通、监督检查。其中控制环境是基础，风险评估是依据，控制活动是手段，信息与沟通是载体，监督检查是保证。

2004 年，COSO《企业风险管理——整合框架》将风险管理定义为"由企业的董事会、管理层以及其他人员共同实施的，应用于战略制定并贯穿于企业之中，旨在识别影响企业的各种潜在事件，并按照企业的风险偏好管理风险，为企业目标的实现提供合理保证的过程"。风险管理的组成要素有八个：内部环境、目的设定、事件识别、风险评估、风险反应、控制活动、信息与沟通和监控。虽然在这些类别中，某些要素有一定的联系，但是风险管理的内容更丰富。

综上，企业千万不能认为内部控制就是风险管理，它们之间还是存在着相对较大的区别。

2.3.2 内部控制和风险管理的联系

对内部控制和风险管理的联系普遍存在两种观点。第一种观点是内部控制包含风险管理，第二种观点是风险管理包含内部控制。到底这两种观点哪一种是正确的呢？内部控制和风险管理之间究竟存在哪些联系呢？

（1）两种观点都是片面的

加拿大特许会计师协会在1995年发布的COSO报告认为："控制"是一个组织中支持该组织实现其目标诸要素的集合体，实质上就是"内部控制"，风险评估和风险管理是控制的关键要素。同时，该报告将风险定义为"一个事件或环境带来不利后果的可能性"，阐明了风险管理和内部控制的关系，"当你在把握机会和管理风险时，你也正在实施控制"。

2005年，英国特恩布尔委员会发布的特恩布尔报告

（Turnbull Report）认为，风险管理对实现企业目标具有重要意义。企业的内部控制在风险管理中扮演关键角色，内部控制应当被管理者看作范围更广的风险管理的必要组成部分。

持这类观点的人一般认为风险管理的内涵比内部控制更为丰富，内部控制只是风险管理的必要环节，即风险管理包含内部控制。

该观点看似正确，实际上是片面的。在第 1 章中我们提到，全面风险管理体系的内涵比内部控制要大，是对内部控制的拓展和延伸，但是并不意味着风险管理就包含内部控制。另外，在企业的实际实施中，内部控制与风险管理还存在不少的差距。因此，简单地认为风险管理包含内部控制是片面的。

与风险管理包含内部控制的观点相反的是认为内部控制包含风险管理。这种观点同样是片面的。相对来说，风险管理的范畴要更大，全面风险管理架构对内部控制架构进行了扩展和延伸，也涵盖了内部控制，并且比内部控制更完整、有效。所以，简单地认为内部控制包含风险管理也是片面的。

总之，内部控制和风险管理，两者既有联系也存在区别，管理者不能简单地认为内部控制和风险管理两者是包含与被包含关系。只有清楚地区分内部控制与风险管理的联系和区别，才能更精准地利用好这两个利器，达到降低企业风险的目的。

（2）内部控制和风险管理之间的关系

内部控制和风险管理之间的关系主要表现为以下五点。

一是内部控制和风险管理都是全员参与的，包括企业董事会、管理层以及其他人员共同实施，他们在其中各司其职，承担并履行各自的责任。

二是内部控制和风险管理并不是静态的，也不全是以静态的形式如制度文件的方式呈现出来。它们更强调动态性和行为性，通过一些行为措施使得企业风险降低，甚至将各种措施贯彻到企业日常管理中去，作为一种常规运行的机制来建设。

三是内部控制和风险管理都是为了保证企业目标的实现。它们的目标都是维护投资者利益，保全企业资产，并创造新的价值。

四是风险管理与内部控制的组成要素有重合部分，分别是（控制或内部）环境、风险评估、控制活动、信息与沟通、监督。这些重合是由它们的目标多数重合及实现机制相似决定的。

五是内部控制是风险管理的必要环节。企业在经营过程中所面临的大部分风险，都经由内部控制系统来处理和完善，而很多风险的解决方案都落实在内部控制上。

综上，虽然内部控制和风险管理并不是彼此包含的关系，但是它们之间仍然有着千丝万缕的联系。随着它们不断发展完善，未来它们可能会逐渐相互交叉、融合，甚至统一。

第3章

内部控制与风险管理体系的设计

企业要想从全局把握内部控制与风险管理，做好内部控制与风险管理体系设计是非常重要的前提。完整、健全的内部控制与风险管理体系不仅能为企业发展保驾护航，还能有效提升企业的经济效益。

CHAPTER 3

3.1　内部控制与风险管理体系设计的误区与障碍

不少管理者对内部控制与风险管理的认识存在一定的误区与障碍，这不仅不利于企业建立适合自己的、能有效运行的内部控制与风险管理体系，还会阻碍内部控制与风险管理目标的实现。因此，在开始设计内部控制与风险管理体系之前，企业必须先了解自己存在哪些误区与障碍。

3.1.1　设计内部控制与风险管理体系的误区

做好内部控制与风险管理对企业的经营发展具有重大的意义。然而，我国有不少企业在内部控制与风险管理上还处于不太成熟的阶段，存在内部控制制度不规范、风险评估不及时、内部风险管控的力度不够等问题。同时，在设计内部控制与风险管理体系时，因经验和能力不足而常常陷入误区中。具体来说，常见的误区有以下几点。如图 3-1 所示。

（1）内部控制与风险管理越严格越好？

为了能够充分发挥内部控制与风险管理的价值，不少管理者在设计内部控制与风险管理体系时秉持着越严格越好的心态。具体表现在企业内部事无巨细、处处制衡、事事审批，甚至一件很小的事情都有相应的内部控制制度。例如企业超过 200 元的支出都必须由两个以上的部门负责人签字才能

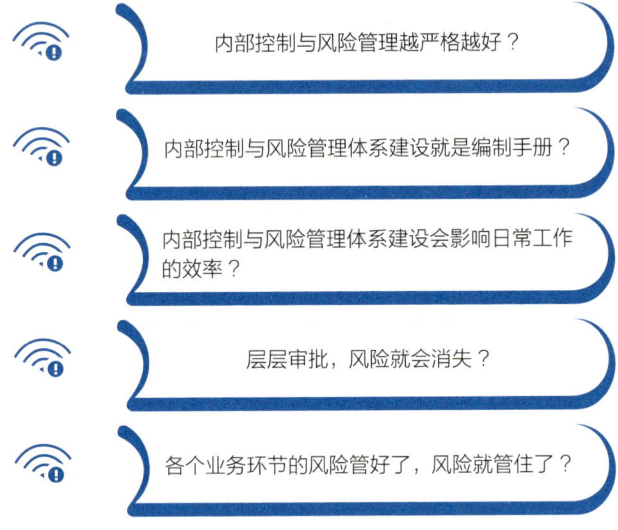

图 3-1　设计内部控制与风险管理的误区

报销。

凡事过犹不及，企业在设计内部控制与风险管理体系时同样也是如此。管理者要学会抓大放小，不宜事事严格。进一步说，管理者在设计内部控制规范时要秉持一个重要原则，即内部控制管理要区分重要性和非重要性。例如一个稍有规模的企业，超出 200 元的支出可能一个月就会发生 50 次，如果每次审批的流程都过于复杂，只会给相关部门和负责人带来麻烦。这种流于形式的内部控制制度不仅达不到控制效果，反而会加重相关人员的负担。所以，企业在设计内部控制与风险管理体系时，应当充分考虑控制事项的发生频率、事项的性质，以及企业管理的层级资源，设计科学合理的制衡体系。

（2）内部控制与风险管理体系建设就是编制手册？

不少企业认为内部控制与风险管理体系建设就是编制内部控制和风险管理手册，机械地将需要控制风险的事项和制度以手册的方式固定下来。虽然这是误区，但是企业出现这种误区是有原因的。首先，制度可以清晰地展示操作的步骤、要求和规范；其次，制度和流程可以实现标准化，某种程度上说可以消除不同的制定者所导致的差异；最后，制度和手册可以固化经营管理中的先进经验，进而提高运营效率。因此，不少企业认为内部控制就是写制度、编制手册。

然而，内部控制与风险管理体系建设的内容并不只是局限于编制内部控制和风险管理手册。更重要的是，管理者需要从企业实际出发，多角度、多形式地呈现内部控制与风险管理体系。具体来说，管理者可以通过会议、培训等方式展示出来，也可以通过问卷调查、自查报告等形式了解内部控制与风险管理体系的实施情况。

（3）内部控制与风险管理体系建设会影响日常工作的效率？

与内部控制和风险管理越严格越好的误区不同，有的企业则担心内部控制与风险管理体系的存在会起反作用。具体表现在管理者认为内部控制与风险管理体系内容繁杂，约束性强，不利于灵活开展业务。这一点在以新生代的员工为主的中小型企业中表现得更为明显。管理者担心过于繁杂的制度会激起新生代员工的负面心理，很多中小企业的管理者倍感困扰。所以，这些管理者常常将内部控制与风险管理体系建设当成任务来应付完成，手册编制粗糙，完成后束之高阁，不落地执行。

其实，不开展内部控制与风险管理这种做法非常危险。某种程度上说，没有开展内部控制与风险管理的企业犹如脱缰野马，会出现难以预计的危险。同时也非常容易偏离路线，难以到达目的地。所以，管理者要改变内部控制与风险管理体系会成为负累的意识，不仅要重视内部控制与风险管理体系的价值，还要将内部控制与风险管理体系建设真正付诸实践。

（4）层层审批，风险就会消失？

有的企业认为在审批的过程中，严格秉持层层审批原则，风险就会随之消失。事实上并不是这样。虽然逐级审批的方式可以相互监督、控制风险，但是在审批的过程中，也容易出现上级以下级意见为依据、审批流于形式的情况。

另外，管理控制过程中不同岗位、不同领导层级审批的内容含义是不同的，形式上的审批签字，实际就是责任上的大包大揽，即使很多领导签字如履薄冰，也并不一定能起到内部控制的效果。因此，在内部控制与风险管理体系建设过程中，管理者不仅要制定管理流程、审批权限，还要有明确的岗位职责。在审批过程中，明确每一个岗位审批签字的内容，既可以加强相关审批人的责任心，又能合理地避免“一处出险，众人负责”的不利局面。

（5）各个业务环节的风险管好了，风险就管住了？

有的企业认为如果各个职能部门的内部控制与风险管理做得到位了，那么不仅可以成功管控风险，还能提升效率。其实这种想法也陷入了误区，因为内部控制防范的是整个企业层面的风险，不仅仅是某一个环节或部门的风险。就当前企业内部控制发生的各种事故案例来看，因部门衔接不紧密导致的风险越来越成为主要风险。

因此，管理者在设计内部控制和风险管理体系时，不仅要优化完善单个环节制度，更要全面考虑企业整体制度的衔接，以免出现管理衔接真空，形成新的内部控制风险。

除以上误区外，企业在设计内部控制与风险管理体系时可能还会存在其他的误区。重要的是，企业要学会走出误区并规避误区，以设计出真正符合企业需要的内部控制与风险管理体系。

3.1.2　设计内部控制与风险管理体系的障碍

企业在设计内部控制与风险管理体系时，经常会遇到各种各样的障碍，包括设计出来的内部控制无法体现企业的特色、不能精准地抓住关键控制点等。如图 3–2 所示。

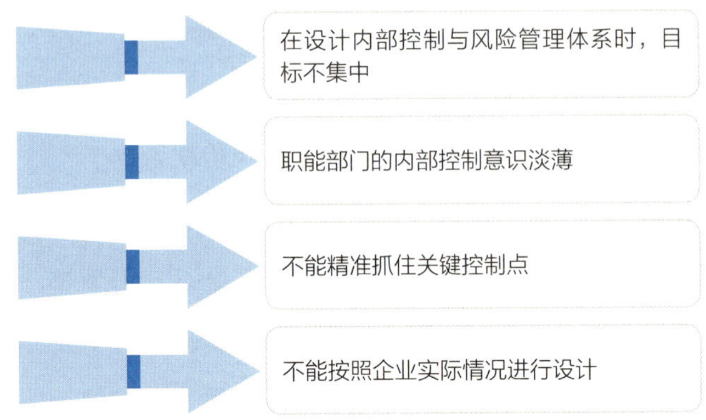

图 3-2　设计内部控制与风险管理的障碍

（1）在设计内部控制与风险管理体系时，目标不集中

管理者在设计内部控制制度与风险管理体系时，常出现目标不集中或者忽视目标的情况，具体表现在两点。

一是管理者过于关注内部控制与风险管理的具体目标，忽视了企业发展的战略目标。缺乏战略目标可能会导致企业盲目发展，难以形成竞争优势，进而丧失更多的发展机会。

二是当企业调整战略目标、改变业务模式后，内部控制与风险管理体系并不能快速跟上企业变革的步伐。企业很快就会发现内部控制越管越乱，反而不能发挥出真正的作用。

这两点也是管理者在设计内部控制与风险管理体系时，最常遇到的障碍和困惑。

因此，企业在设计内部控制与风险管理体系时，一定要关注企业的战略目标，并在战略目标的指导下完成内部控制与风险管理体系的设计。当企业战略目标和业务模式出现调整时，企业要及时更新、调整内部控制与风险管理体系。

（2）职能部门的内部控制意识淡薄

某种程度上说，内部控制的作用随管理层级的上升而增大。换句话说，越高的管理层越需要内部控制，相对而言内部控制对基层员工的作用较小。对中间层的管理者来说，内部控制往往让他们内心矛盾，既爱又恨，这也就导致了内部控制的第二个障碍，即职能部门的内部控制意识淡薄。

问题的成因有两个：一是职能部门的有些人认为风险不会发生在自己的身上；二是职能部门中的有些人虽然内心明白内部控制要做什么，能做什么，但是他们认为只要内心明白即可，并不愿意做出实际行为。

要想解决这一障碍，企业就要做好 3 点。

首先，管理者与董事会要就企业的风险偏好达成一致认识，并把这种认识传达至企业上下，进而才能更好地推进工作，也更容易得到相关机构的配合。

其次，对不同部门、不同职责人员的控制风险分别进行评估，限定控制的范围与要求，制定相应的控制措施。因为不同部门、不同业务、不同管理者会带来不同的风险，从而需要不同的内部控制要求，做到具体问题具体分析。

最后，企业还要从不同的角度将部门和个人的诉求统一到组织目标之下。为此，内部控制人员要了解部门或者个人目标的诉求是什么，并在组织目标和他们的诉求之间寻找到一个契合点，并做好协调，最终达成统一。

（3）不能精准抓住关键控制点

一般来说，企业的关键控制风险点有发展战略业务风险、全面预算业务风险、人力资源业务风险、研发业务风险、合同管理业务风险、工程项目业务风险、采购管理业务风险、销售业务主要风险、资金管理业务风险、资产管理业务风险、业务外包风险、财务报告业务风险、内部信息传递风险等。当然，企业也可根据自身的实际情况和需求设置符合本企业的关键控制风险点。

如果企业不能精准地抓住关键控制点，就容易陷入盲目的忙乱状态，设计的内部控制与风险管理体系也容易出现漏洞。例如采购管理业务需要控制的点很多，包括采购商的选择、产品质量、价格谈判、预算管理等。如果企业不能精准地抓住关键控制点，可能就会导致控制住了预算却控制不住采购商的品质、控制住了产品的价格却控制不住产品的质量等问题，导致采购工作无法顺利展开，内部控制与风险管理体系的价值也无法体现。

因此，企业在设计内部控制与风险管理体系时，既要找到每个业务环节的常规控制点，又要根据企业的实际情况确定关键控制点，然后再围绕关键控制点设计内部控制与风险管理体系，以保证整个体系内容的完整性。

（4）不能按照企业实际情况进行设计

企业之间因行业特点、经营模式、业务规模、企业文化等方面的差别，在设计实施内部控制与风险管理体系方面会有各自企业的特色。但是现实情况是，不少管理者并没有设计内部控制与风险管理体系的经验，常常照搬照抄其他企业的设计模式，使得设计出来的内部控制体系并不符合企业的实际情况。这也是不少企业在设计体系时常常遇到的障碍之一，即体系显现不出本企业的特色。

虽然适度的借鉴是允许的，但是为了使得最终的设计体系能够真正对本企业发挥出价值，管理者还是要从企业实际出发，根据本企业的特色和需要去设计体系。

综合来说，因为企业的定位和特点不同、设计内部控制与风险管理体系的人员素质和能力不同，所以在实际工作中，除了以上 4 个障碍之外可能还会存在其他障碍，这就需要企业根据实际情况进行应对。只有扫除障碍，才能保证接下来的内部控制与风险管理体系设计的工作顺利展开。

3.2　内部控制与风险管理体系的设计步骤

内部控制与风险管理体系看似是一个看不见摸不着的大框架，但是企业若是遵循一定的设计步骤，也可以将无形化为有形，设计出对企业真正有价值的内部控制与风险管理体系。如图 3–3 所示。

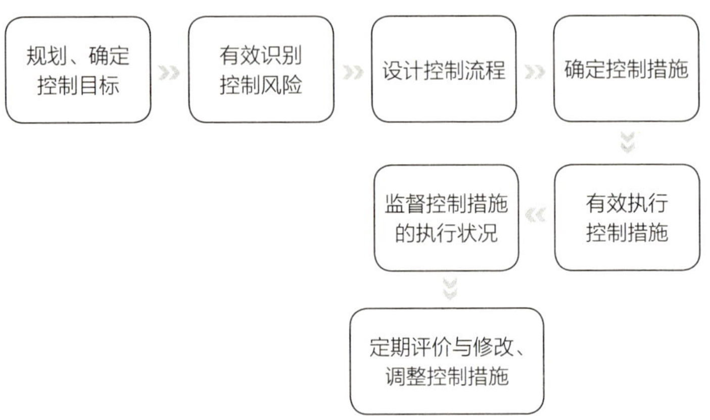

图 3–3　内部控制与风险管理体系设计的 7 个步骤

3.2.1　规划、确定控制目标

设计内部控制与风险管理体系的第一步就是要规划、确定控制目标。从总体上看，企业控制的目标应从防止企业内部出现欺诈和徇私舞弊的现象扩大到实现经营管理目标，希望能够通过内部控制达到企业有序发展、经营效益和效率有所提高的目的。通常来说，内部控制目标包括战略目标、经营目标、合规目标、资产安全目标和财务报告目标五大类目标（图 3–4）。

图 3-4　内部控制目标的具体内容

战略目标具有全局性作用，它主要是指对企业战略经营活动预期取得的主要成果的期望值。

经营目标是在一定时期企业生产经营活动预期要达到的运营效率和效益。

合规目标是指保障企业合规有序经营的目标，包括法律法规、商业行为的内部政策等。

资产安全目标是保障企业资产安全的目标。

财务报告目标主要是指提供财务信息或编制财务报告（主要是财务报表）的目标。

以上几个目标具体如何规划和确定需要企业结合自身的资源和实际情况做出判断。在规划、确定控制目标的过程中，企业需要重点关注以下 3 点。

（1）战略目标规划放在第一位

战略目标是其他目标之首，也是其他目标的基础。一般来说，内部控制战略目标可以按照企业希望达到的发展水平来确定。例如某企业希望在 5 年内成为本市所在行业的领跑者，那么该企业的内部控制战略目标就必须紧紧围绕这一目标进行确定，为其提供强有力的支撑。

（2）基于企业的特色和实际需求进行准确定位

所谓准确定位就是目标必须与本企业的实际情况相符合，并且明确清晰。尤其是企业经营目标和财务目标，一定要基于企业实际展开。例如规划企业的经营目标要结合企业现状，如企业当前的业务状况、企业当前可被利用的资源和能力等；规划企业的财务目标就需要制定出年、月、周的盈利目标，并将每个目标分解到每一个部门，并设定企业的关键 KPI 指标。

（3）能够体现企业的特色

每个企业即便所处的行业、生产或销售的产品性质一样，也会因为经营目标、内部员工和企业文化的不同而形成自己的特色。因此在规划控制目标时，企业也要将经营目标、内部员工和企业文化等因素纳入考量，确定的控制目标要能够体现企业的特色。

3.2.2　有效识别控制风险

内部控制风险是指影响内部控制功效发挥和目标实现或导致内部控制失效的不确定性。要想降低这种不确定性，企业就需要有效地识别控制风险。具体来说，可按照以下方法进行。

（1）SWOT 分析法

SWOT 分析法是集 4 个英文首字母大写组合而成，其中 S（strengths）是优势、W（weaknesses）是劣势、O（opportunities）是机会、T（threats）是威胁，如图 3-5 所示。

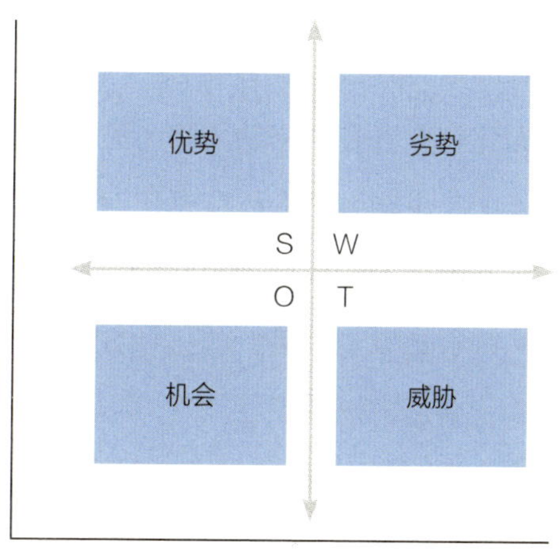

图 3-5　SWOT 分析法

SWOT 方法是结合企业的优势、劣势、机会和威胁，将企业的战略、内部资源和外部环境结合一起分析的科学方法。企业通过 SWOT 分析法可以全面、客观地分析出企业当前的真实情况。企业通过重点关注自身的竞争劣势和威胁，进而识别其中可能存在的风险。

（2）历史信息核对法

历史信息核对法是指企业通过调看原始资料来查找风险点的来源，并分析出可能出现的其他风险，从而找到针对性解决方案的一种分析风险的方法。这种方法一般会耗费较多的人力物力。

（3）生产流程法

生产流程法是指企业按照工艺流程和加工流程的顺序，对每一个过程、每一个环节进行检查，找出其中可能存在的风险，并发掘风险的来源。例如采购环节的风险点可能会发生采购价格不合理而让企业资金受损的风险。进一步挖掘发现该风险产生的原因可能是采购人员没有认真比对各家供应商的价格或者采购人员徇私舞弊等。针对这一问题，企业可以采取招标采购、询比价采购、动态竞价采购等多种方式，以确定出一个相对合理的采购价格。

除了以上 3 种方法外，企业也可以根据自身的实际情况选择其他的方法进行风险识别。

3.2.3 设计控制流程

设计控制流程是内部控制与风险管理体系设计的重要环节，更是内部控制设计项目组成员落实内部控制与风险管理体系设计方案的工作方向。

控制流程一般与企业的业务流程相吻合，且依次贯穿于某项业务活动的始终。因此，在设计内部控制流程时，企业要抓住以下 3 个关键点。

（1）从业务流程的梳理和建立入手

通常，企业的流程活动分为管控类活动和专业类活动两大类，其中管控类活动是属于内部控制活动，包括各部门经办人员的审批、会审、签字、授权等；专业类活动包括市场研究、创意设计等，根据内部控制的要求进行岗位分设制衡，对专业类活动会提出具体的工作要求。

（2）结合业务流程建立内部控制流程

企业内部控制流程的建立与企业业务流程的建立虽然关注点不同，但是它们的描述方法是一致的。一般来说，企业业务流程会从所有为企业创造价值的业务角度去梳理和建立，而企业内部控制流程又是从业务流程中的内部控制关键点进行描述的。因此，内部控制体系中的各种管理体系均要落实到企业具体业务活动中去执行。

例如在采购业务管理体系中，主要的业务流程有编制需求计划和采购计划、请购、选择供应商、确定采购价格、订立采购合同、管理供应过程、验收、付款等。在这 8 个环节中，每一个环节都存在风险，企业都要予以控制。

（3）确定内部控制流程的关键控制点

内部控制流程的关键控制点主要集中在职责分工、内部核查、实物接触控制、审查记录、授权等方面。以存货管理流程为例，中间需要经过存货采购请购流程、存货采购管理流程、外购存货验收入库流程、存货存储保管流程、存货出库流程、存货盘点流程等。这几个流程活动的关键控制点会存在差异，存货采购请购流程的关键控制点可能是内部核查和授权，外购存货验收入库流程的关键控制点则可能是实物接触控制、审查记录。

但是，不管是什么流程活动，其关键控制点都集中在职责分工、内部核查、实物接触控制、审查记录、授权等几个方面，企业只需要根据流程活动的特点锁定具体的关键控制点即可。

综上，企业要想设计控制流程，就要明确都有哪些流程活动、每个流程活动的关键控制点是什么等内容。

3.2.4 确定控制措施

无论内部控制与风险管理体系的设计形式如何，其具体内容都需要通过控制措施实现。换句话说，企业不能脱离控制点而空谈控制措施，确定控制措施之前必须先要确定有哪些关键控制风险点。

在本章第一节中，我们提到企业的关键控制风险点有发展战略业务风险、全面预算业务风险、人力资源业务风险、研发业务风险、合同管理业务风险、工程项目业务风险、采购管理业务风险、销售业务主要风险、资金管理业务风险、资产管理业务风险、业务外包风险、财务报告业务风险、内部信息传递风险等。

在各个关键控制风险点中，又可以进行细分。例如在采购业务控制风险点中，主要分为请购与审批控制、采购与验收控制、采购付款控制。进一步说，以采购与审批控制为例，可能存在的风险有请购申请不合理、相关审批程序不规范、采购超越授权审批等。与之对应，企业就要针对这些风险点确定控制措施，具体包括以下几点，如图 3-6 所示。

物资需求部门要根据企业相关规定及实际需求提出采购需求

请购人员要认真填写采购申请单，包括请购物资的名称、数量、需求日期、质量要求以及预算金额等内容

采购部要核查采购物资的库存情况，检查该请购项目是否存在不合理的请购品种和数量

采购事项在预算范围之内，采购部门可按照预算执行进度办理请购手续。如果采购事项在预算范围之外，采购部经理、财务总监要逐级审核，最终由总经理审批

采购人员按照审批后的“采购清单”进行采购

图 3-6　采购风险点的控制措施

经由采购与审批控制措施的例子，我们可以了解到：控制的内容不同，与之相对应的控制措施也会有所不同。基于此，在实际的工作中，企业必须要根据控制目标和对象确定相应的控制措施。

3.2.5 有效执行控制措施

确定控制措施后，接下来就要有效执行控制措施。如果控制措施设计完美，但是却没有得到有效执行，那么也难以发挥价值。现实中有很多企业虽然确定了控制措施，但是执行力度不够，使得内部控制和风险管理没有达到理想的效果，影响了企业的经营。

企业要想内部控制与风险管理体系的措施能够得到有效执行，就需要注意以下五点（图 3–7）。

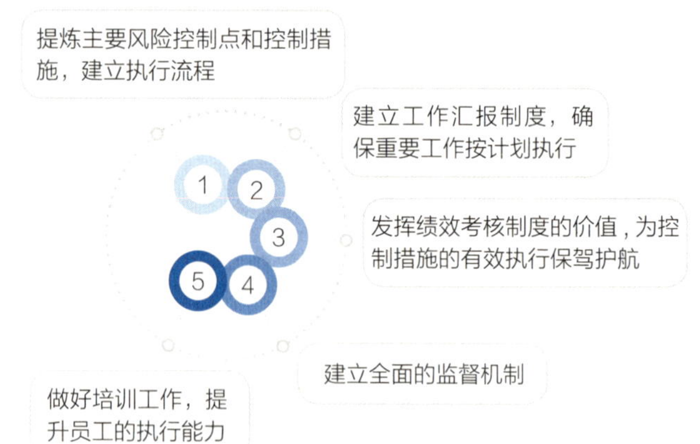

图 3–7　控制措施得到有效执行的方法

（1）提炼主要风险控制点和控制措施，建立执行流程

员工充分理解控制措施是有效执行控制措施的前提。企业需要将主要的风险控制点和控制措施提炼出来，并建立流畅的执行流程，目的在于让所有员工都能迅速了解如何执行控制措施，明晰职责和分工，以及明确部门之间的配合程度和责任，为有效执行控制措施奠定基础。

（2）建立工作汇报制度，确保重要工作按计划执行

首先，企业要建立定期汇报制度。例如在每月的部门会议中，各部门要总结本月工作完成情况，并提出下月工作目标，包括需要其他部门配合的工作内容和完成时间，以及配合部门的相关承诺。

其次，企业要建立“紧急事项工作汇报制度”。即重大事项要及时上报，并提出合理的解决方案，快速寻求解决办法。当解决问题的办法明确后，企业也要及时让下级了解解决问题的方法和时间。

（3）发挥绩效考核制度的价值，为控制措施的有效执行保驾护航

绩效考核不仅可以有效考核和评价员工的实际工作效果及其对企业的贡献，还有利于让控制措施得到更好的执行。因此，在执行控制措施过程中，一定要建立完善的绩效考核制度，做好各部门、各员工的绩效考评，并做到奖赏分明，以此提高员工执行控制措施的工作积极性。

（4）建立全面的监督机制

企业可以通过上下级之间的监督、各职能部门间的监督、绩效考核、内部审计、监督邮箱、外部监督的方式，形成全面有效的监督和保障体系，进一步促使控制措施得到有效执行。

（5）做好培训工作，提升员工的执行能力

企业可通过各种培训让各岗位的员工更熟悉自己的工作内容，更加明确自己的职责权限和责任，进而使控制措施得到有效执行。

综上所述，企业既要让员工明确岗位职责，又要提炼主要风险控制点和控制措施，并建立完善的执行流程，还要以全面的监督机制做保障，同时积极开展培训，全面提升企业员工的执行力，让内部控制措施得到真正的践行。

3.2.6 监督控制措施的执行状况

对于企业来说，监督控制措施的执行状况一方面可以了解控制措施是否被有效执行，另一方面也可以在内部控制措施实施出现偏差时及时地调整和纠正。在监督控制措施的执行状况的环节，企业要做好以下四项工作（图 3–8）。

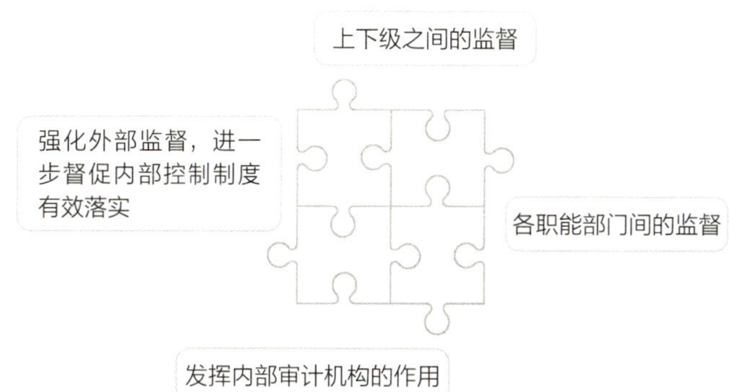

图 3-8 监督控制措施执行状况的方法

（1）上下级之间的监督

企业的管理层要监督员工的工作。例如监督企业内部各个岗位的职责划分是否明确，岗位责任是否建立并且有效执行。同样，员工也可以监督管理层的行为是否合规。

（2）各职能部门间的监督

企业内各个职能部门负责相应的职责，也能做到一定程度的监督。例如财务部门负责财务方面的日常管理和监督工作。值得强调的是，企业的各职能部门可在不影响对方部门工作的前提下实现合理监督。

（3）发挥内部审计机构的作用

内部控制审计通常包括审核会计账目、评价企业控制设计和控制运行缺陷以及缺陷程度，分析缺陷形成的原因，并提出改进建议。其目的在于保证企业的内部控制制度更加完善严密。

内部审计的监督内容包括：企业生产、成本、费用、利润、资金、信贷等财务预算的执行情况；各项收入、成本、费用支出、税金、融投资等财务收支及其有关的经济活动；内部控制制度的建立健全和有效性；资产的保值、增值、管理、使用及有关经济活动；对企业组织结构中的权责分配进行审计；对人力资源部职责履行情况进行审计等。

（4）强化外部监督，进一步督促内部控制制度有效落实

除去内部监督外，强化外部监督也非常重要，即加强社会审计监督和政府监督，以便进一步督促相关制度更有效地落实下去。

总的来说，在监督控制措施的执行状况环节，企业既要通过内部监督控制措施的执行情况，也要通过外部监督强化监督的效果。

3.2.7 定期评价与修改、调整控制措施

监督控制措施执行状况的目的既是了解控制措施的执行效果，也是为了更好地评价与修改、调整控制措施，以使得内部控制发挥出真正的价值和作用。

一般来说，定期评价以季或者半年为周期进行，评价的内

容包括内部控制措施实施得好的地方、需要完善或者改进的地方、需要立即做出调整的地方、需要立即进行摘除的地方等。

评价与修改、调整控制措施环节的具体工作包括以下五点（图 3-9）。

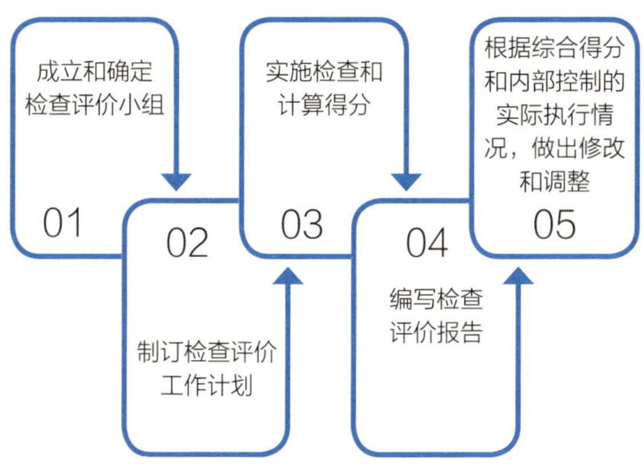

图 3-9　评价与修改、调整控制措施环节的工作步骤

（1）成立和确定检查评价小组

通常情况下，评价小组成员由财务、审计、人事、监察、销售、采购等部门的主要负责人组成。在实际工作中，还要根据企业内部的实际情况，在成本和效益原则的引导下确定或组建内部控制检查评价工作组。

（2）制订检查评价工作计划

评价工作并不是随意进行或者泛泛而谈，而是需要制订检查评价工作计划。通常来说，可根据各类业务确定检查时间（按季或半年或年进行抽查）、抽查样本量的比例（5% ~ 15%）

以及随机抽查的方法，并严格完成检评工作的要求。

（3）实施检查和计算得分

评价小组成员可根据工作计划，按规定的抽样比例和方法，随机抽取各类业务的样本进行检查，并将检查的结果进行记录，对这些结果进行计分处理。未按照要求进行控制的则减分。通常来说，每笔业务控制点总分为100分，扣除分数后即为该笔业务内部控制执行的实际得分。在做完这些工作后，相关人员要计算出全部业务的内部控制执行情况的实际综合得分。

（4）编写检查评价报告

在计算出每笔业务的得分后，检查人员需要编写检查评价报告，并用定量加定性的方式做出评价。通常，评价有四档，优（95分以上）、较好（85分～94分）、一般（70分～84分）、差（70分以下）。

（5）根据综合得分和内部控制的实际执行情况，做出修改和调整

修改和调整的具体内容需要根据实际情况做出具体分析。例如企业发现在采购流程中，相关人员并没有严格按照采购流程计划执行，比如大宗物品并不是通过竞价或招标的方式获得，此时企业就要针对这种情况做出纠正，并采取有力的措施进行改进。

综上，要想设计出一个既符合企业发展实际又切实可行的内部控制与风险管理体系，企业就可以按照以上5个步骤展开。

3.3 内部控制与风险管理体系的工具

常见的内部控制与风险管理体系的工具有 4 种，即调查问卷、流程图、管理手册和自查表。如图 3–10 所示。

图 3–10　内部控制与风险管理体系的工具

3.3.1　调查问卷

调查问卷是一组与研究目标有关的问题，目的在于得到有价值、真实的信息，并以这些信息为基础进行理论分析，得出需要的观点。在企业内部控制与风险管理体系建设中，调查问卷的价值主要有两点：一是以问题的方式检查内部控制措施是否践行到位；二是企业可以从中收集到想要进一步了解的有效信息。一般来说，有效的调查问卷具备以下 4 个特点。

一是有明确的主题。即根据调查主题——内部控制展开，设计有效的题目，重点突出。

二是结构合理、逻辑性强。通常问题设置逻辑为先易后难、先简后繁、先具体后抽象。

三是通俗易懂。即企业员工能够快速理解题目，尽量避免使用专业词汇。

四是长度适中。即调查问卷不要设计太多的问题，一般回答问卷的时间控制在15—20分钟比较合适。

表3–1展示的是企业在货币资金、存货和固定资产、销售与收款、采购和付款、成本费用等几个方面在内部控制中的具体行为和措施，企业可以通过问卷调查的方式来清楚地了解各部门以及相关人员在各个环节的工作是否践行到位，并从中收集到有效信息，也为绩效考核工作提供充足的证据。

表3–1　××企业内部控制调查问卷

××企业内部控制调查问卷

会计期间：

被审计单位：　　　　填表人：

被调查人：　　　　复核人：

调查时间：　　　　编号：

类目	调查问题（部分）	答案			备注
		是	否	不适用	
货币资金	1. 出纳是否兼审核、会计档案保管等工作				
	2. 现金盘点是否由出纳一人进行				
	3. 用于结算的印章是否分开保管				
	4. 用款申请是否符合流程				
	5. 支出是否有审批手续				

续表

类目	调查问题（部分）	答案			备注
		是	否	不适用	
货币资金	6. 是否及时核对银行对账单，并处理其中出现的问题				
	7. 是否定期核对现金、银行存款日记账，是否定期与总账核对，是否查明了不一致的原因				
	8. 现金日记账是否做到日清月结				
	……				
存货、固定资产	1. 采购部门与财务会计部门是否相分离				
	2. 采购计划审批是否符合程序				
	3. 是否定期盘点存货，并记录在册				
	4. 固定资产购买和处置是否分开				
	5. 固定资产的验收、使用和记录是否分开				
	6. 是否定期检查和盘点固定资产				
	……				
销售与收款	1. 应收账款与已收到的账款的登记是否独立				
	2. 应收账款是否有专人负责清理并进行账龄分析				
	3. 销售工作与产品保管是否分开				
	4. 销售折扣是否受到销售主管或经授权人的许可				
	5. 赊销是否获得授权人的批准				

续表

类目	调查问题（部分）	答案			备注
		是	否	不适用	
销售与收款	6. 仓储部门是否定期独立编制销货汇总凭证				
	7. 发票是否连续开具无缺失				
	8. 是否有专人整理客户资料，并清理出坏账上报主管				
	……				
采购和付款	1. 采购员是否与验收员职责分离				
	2. 请购单是否经由主管审批				
	3. 验收单是否妥善有序地保管				
	4. 大额采购是否通过招标的方式选择供应商				
	……				
成本费用	1. 存货的领用和发放是否做到职务相分离				
	2. 生产任务通知单是否做到有序妥善进行，且未经授权不得接触				
	3. 领料单是否按照顺序进行，并妥善保管				
	4. 费用预算是否分解到各部门				
	5. 工资是否经过有关主管或其他授权人审批				
	……				

3.3.2　流程图

流程图是一个代表信息流、观点流或部件流的图形代表，通常每个图形块间由箭头相连。企业中的流程图常用来表示生产线上的工艺流程，或者一项任务必需的管理过程。

流程图的优势在于简洁明了，能够很好地展示事情的流程走向，并对进一步改进过程极有帮助。在内部控制与风险管理体系建设中，使用流程图一方面可以让员工更加清楚地看到内部控制与风险管理体系是如何工作的，经历了哪些过程；另一方面也有助于内部控制设计者在工作过程中及时对任务进行修改。

一般来说，流程图的设计要素有6点：即流程范围、目标、涉及部门、特定政策、流程说明（包括工作内容与步骤）、职责分工（包括部门间关系）、业务文档。一个标准的流程图需要满足分层级、清晰规范、避免交叉、完整、不遗漏等要求。

常见的流程图的基本结构有3种，包括顺序结构、选择结构、循环结构。

（1）顺序结构流程图

顺序结构一般是指各工作是按照先后顺序执行的，是最简单的一种基本结构。如图3-11所示。

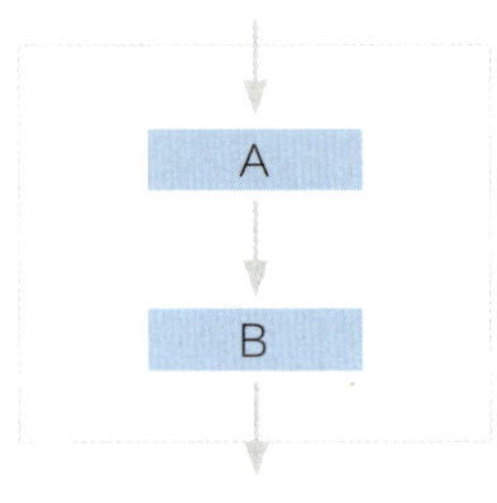

图 3-11 顺序结构

可以看出，A 框和 B 框是按照顺序执行的，即在执行 A 框后必然要接着执行 B 框中所指定的操作。

图 3-12 所示的就是以内部控制 – 资金支付业务流程为例的顺序结构流程图。

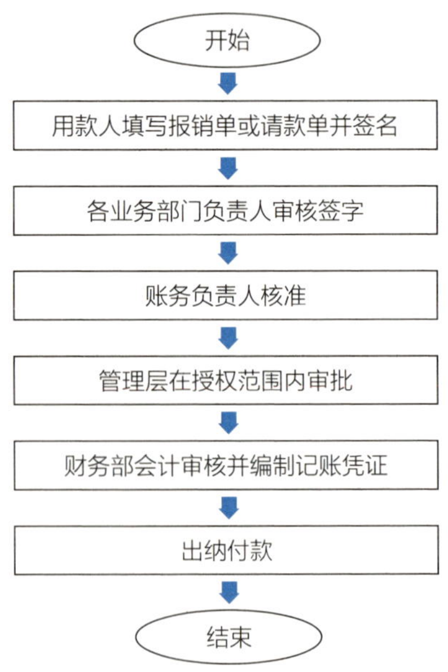

图 3-12 内部控制 – 资金支付业务流程

从图 3-12 可以看出，从开始到结束，第一个框内的内容执行后会完成第二个框内的内容。这种流程图的设计和绘制都比较简单，只需要确定各个环节的执行顺序即可。

（2）选择结构流程图

选择结构，也被称为分支结构，是对某个给定条件进行判断，条件为“真”或“假”时分别执行不同框的内容。Y 代表“真”，N 代表“假”。如图 3-13 所示。当从 A 执行到 B 后，满足条件 1 可执行 C，不满足条件 1 则执行 D。

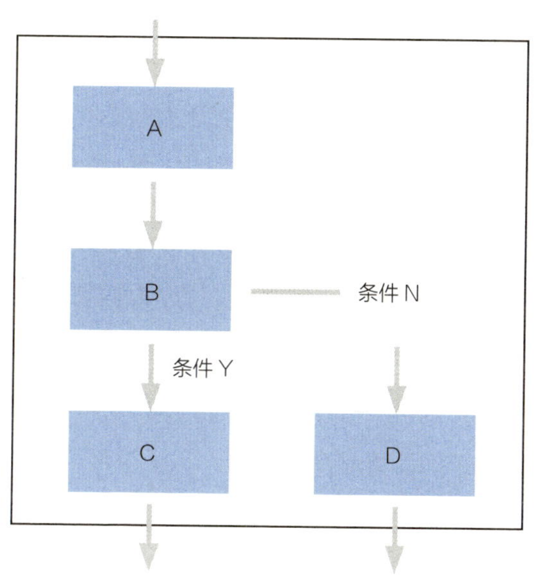

图 3-13 选择结构

图 3-14 所示的工程项目成本控制流程与风险控制流程图就属于选择结构的流程图。

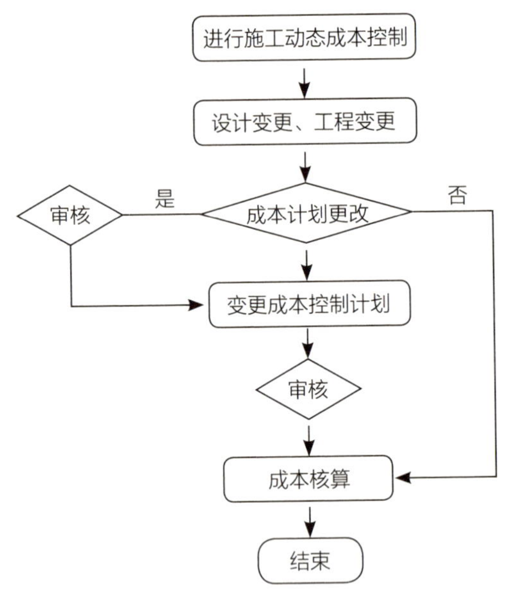

图 3-14　工程项目成本控制流程与风险控制流程图

在图 3-14 中，我们可以看到成本计划更改“是”时会执行“审核”的工作，“否”时会执行“成本核算”的工作。这种结构的流程图相对比较复杂，不但要考虑流程活动的执行顺序，还需要考虑到每个流程环节可能出现的不同情况以及带来的结果，需要不同部门配合完成。

（3）循环结构流程图

循环结构，也被称为重复结构，即在一定条件下，反复执行某一部分的操作。循环结构又可分为直到型结构和当型结构。

直到型结构是先执行某一部分的操作，再判断条件，当条件成立时，退出循环；条件不成立时，继续循环。如图 3-15

所示。

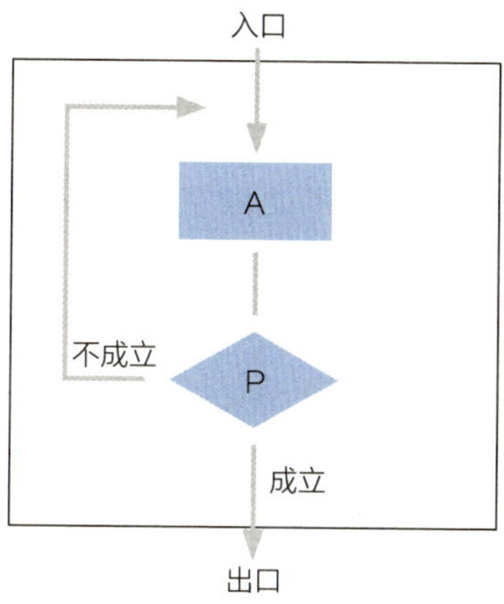

图 3-15 直到型结构

当型结构是指条件成立时，反复执行某一部分的操作；当条件不成立时，退出循环。如图 3-16 所示。

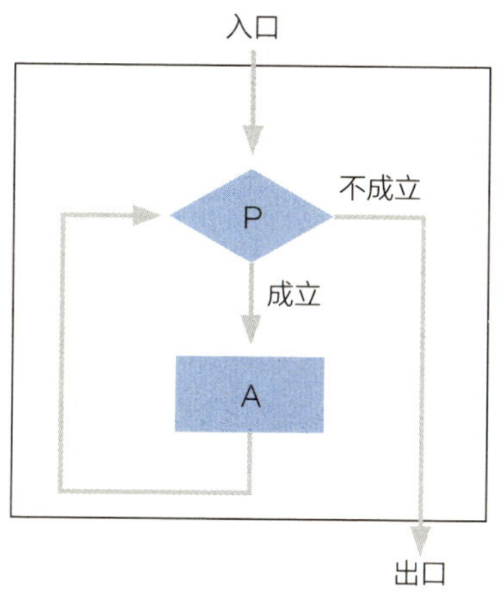

图 3-16 当型结构

图 3–17 所示的就是内部控制 – 业务外包基本流程的循环结构流程图。

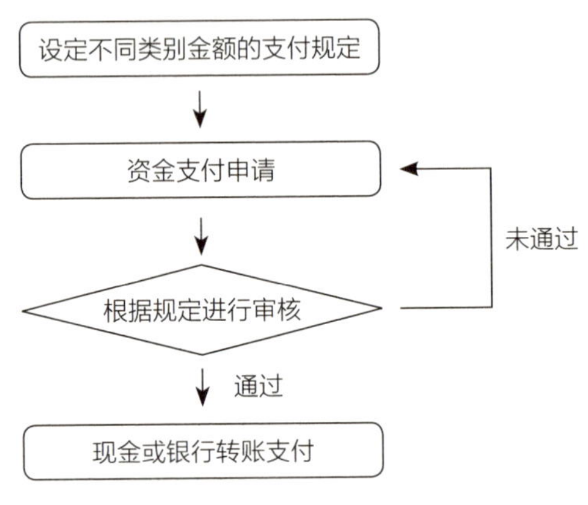

图 3–17　内部控制 – 业务外包基本流程图

在图 3–17 中，“根据规定进行审核”通过后执行“现金或银行转账支付”，当“根据规定进行审核”未通过则要返回执行“资金支付申请”的工作。这种流程图设计的难点在于需要考量条件成立或不成立的情况下应该如何处理接下来的流程。

一般来说，企业要想绘制出优秀的内部控制与风险管理体系的流程图，最重要的是要学会梳理流程。一般来说，在梳理流程时需要关注以下几个问题，如表 3–2 所示。

表 3–2　企业梳理流程需要关注的问题

序号	问题	具体说明
1	流程是怎样启动的	在什么条件或接收到什么指令时开启了这个流程图

续表

序号	问题	具体说明
2	流程由谁开始	在起始环节，哪个部门或职位在接收到指令后开始了该流程的运作
3	这些环节都是由哪个部门或职位来承担	在确定流程中的工作步骤后，再确定这些工作步骤由哪个部门或职位来承担，即各个步骤都必须有相应的责任部门和责任人
4	整个流程中一共有多少环节，都有什么	流程中的中间环节必须要根据该工作完成需要的步骤来确定。判断某个工作步骤是否有必要，主要看该步骤对于整个工作是否增值，如果增值很小或者不增值，就需要考虑是否取消该工作步骤。如果是连续的相同责任人，则工作步骤可尽量合并
5	流程中必须设置哪些审核环节，谁来审核	流程中的审核原则上不能少，但也要避免设置过多的重复性审核工作环节。审核人一般是那些能够承担工作审核的人
6	流程中哪些环节是自动生成的	明确哪些工作是属于重复性、机械性的工作，尽量将它们通过系统工具自动生成
7	流程中哪些环节会出现多种路径，分别怎样形成闭环	在流程运行的过程中，可能会出现多种不同条件下的不同路径选择，相关人员在设计流程时要充分考虑，确保每种选择路径都形成自己的最终结果。特别是在不同路径选择时，要充分考虑该流程与其他流程的交汇和协调
8	流程中哪些环节容易形成断点，如何预防	流程断点是流程中没有规定的情况出现时发现流程无法运行的情况，以及流程中缺少必要的环节导致流程中出现不连续情况。在流程表示过程中，要明确界定流程中必不可少的中间步骤和工作交接口，确保流程完整，没有断点

续表

序号	问题	具体说明
9	流程最终输出来的结果是什么，由谁来实现	设计流程最终输出的结果，必须考虑该流程的设计目的，确保流程输出结果时能够圆满解决流程中的问题

总结来看，设计内部控制流程图并不是随意进行的，而是由流程制度部门的负责人召集各环节可能的操作者一同制定，讨论各个环节如何交接并改进流程，确保流程图发挥价值。

除此之外，企业在设计内部控制流程图时还要注意以下几点。

一是一张流程图只展示一个核心功能，且逻辑清晰。因此，相关工作人员在绘制时应遵循从左到右、从上到下的逻辑顺序。

二是关键环节逻辑判断准确，且关键节点全部覆盖。

三是同一路径的指示箭头应只有一个。如图 3–18 所示。

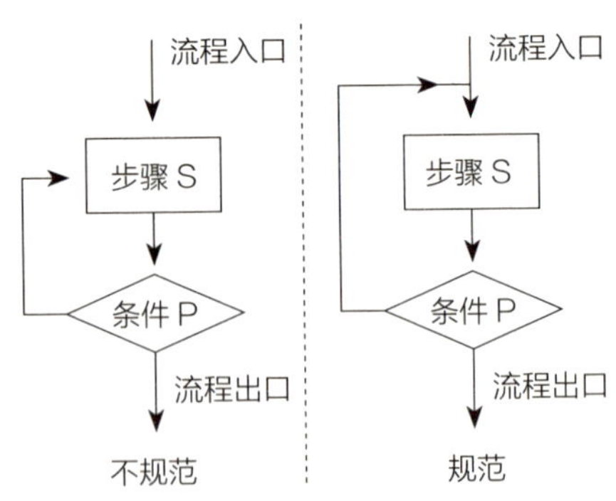

图 3–18 流程图对比

四是格式简洁大方、简单明了。

总之，流程图是企业在设计内部控制与风险管理体系时必不可少的工具。企业可通过设计出满足需求的流程图，更好地展现出内部控制与风险管理体系中的内容。

3.3.3 管理手册

管理手册通常是指能加强管理的具有指导性、纲领性的文件。在内部控制与风险管理体系中，它主要阐释的是企业为了内部控制和风险管理而设计出的一系列控制措施和内容。以此便于管理企业，降低风险。相比较于流程图以图表的方式呈现，管理手册多是以文字叙述为主，内容也更翔实。

由于管理手册内容比较系统且具体，这里我们不展现具体的内容，只展现出它的目录，为企业提供一些启发。需要说明的是，每个企业因为性质、岗位和内容的不同，制定出来的管理手册也会有一定的区别，但是总体上来看，常见的管理手册一般有以下两种形式。如表 3–3 和表 3–4 所示。

表 3–3 企业管理手册示例 1

内部控制管理手册
第一章 总则
第二章 货币资金
第三章 采购与付款
第四章 存货
第五章 固定资产
第六章 成本费用控制
第七章 财务报告编制
第八章 附则

表 3-4　企业管理手册示例 2

目录
管理制度
第一章　用工制度
第二章　工作制度
第三章　车间生产制度
第四章　车间物料领用制度
第五章　财务制度
第六章　采购制度
第七章　来客接待制度
第八章　员工宿舍管理制度
第九章　车辆管理制度
第十章　奖惩制度
岗位职责
第一章　总经理岗位职责
第二章　工程部岗位职责
第三章　生产部岗位职责
第四章　业务部岗位职责
第五章　行政部岗位职责
第六章　财务部岗位职责
第七章　后勤部岗位职责

从表 3-3 和表 3-4 可以看出，管理手册一般按照部门为标准进行划分。在各个章节下面的具体内容可按照企业实际的需求进行设计。

3.3.4　自查报告

自查报告是一个单位或部门在一定时间段内对执行某项工

作中存在问题的一种自我检查方式的报告。一般来说，部门和项目不同，其自查报告的内容也不相同。例如产品自查报告的内容包括：产品销量情况、内审核情况、产生了哪些不足、如何纠正等。自查报告的优势在于，企业可以通过自查自纠发现问题并解决问题。

一般来说，自查报告应该包含执行情况、实施效果、宣传途径、阵地平台、不足与展望等内容，具体的内容也可根据企业的实际情况进行增减。在内部控制与风险管理体系中，自查报告的内容多包含执行情况、实施效果、存在的问题、问题形成的原因以及检查结论等。自查报告常见的形式，如表 3–5 所示。

表 3–5　营业部经营真实性及内部控制制度建设执行情况的自查工作表

部门： 被调查人： 调查时间： 调查成员：	填表人： 复核人： 编号：
一、基本情况	
二、存在的问题	
三、形成的原因	
四、检查结论	
总结：	

综上，企业在设计内部控制与风险管理体系时可以灵活使用以上 4 个工具。一方面可以以“可视化”的形式更清楚明确地向企业内部展示内部控制与风险管理体系的内容，方便实际操作和执行；另一方面也能让内部控制与风险管理体系的内容言简意赅地传达下去。

第4章

财税预警与风险控制

无论企业处于任何状态和阶段，防范和化解财务风险始终是不可忽视的重要环节。财务危机并不是忽然产生的，企业要增强全员的财务危机防范意识，建立预警系统，并采取适当的措施进行财务风险控制。

CHAPTER 4

4.1　财务风险的定义和成因

某种程度上说，财务风险是企业经营中最应该关注的风险之一。那么，什么是财务风险呢？又是什么原因导致企业会面临财务风险呢？

4.1.1　什么是财务风险？

财务风险是指企业因财务结构不合理、投融资不当使得企业丧失偿债能力而导致投资者预期收益下降的风险。广义的企业财务风险内容比较丰富，主要包括筹资风险、投资风险、资金回收风险和收益风险等。狭义的财务风险是指企业因负债经营而导致的危机。

在复杂多变的市场环境中，一方面企业的经营活动会时常受到财务风险的影响，另一方面财务风险作为一种信号，也可以全面反映企业的经营状况。因此，管理者一方面要更深入地了解财务风险，另一方面也要增强财务风险意识，防范财务风险对企业造成的负面影响。

了解财务风险的基本特征对企业进行财务风险管理工作具有重要的价值。换句话说，管理者只有充分地了解财务风险的基本特征，才能更好地采取相应的应对措施。一般来说，企业的财务风险具有以下几种基本特征。如图 4–1 所示。

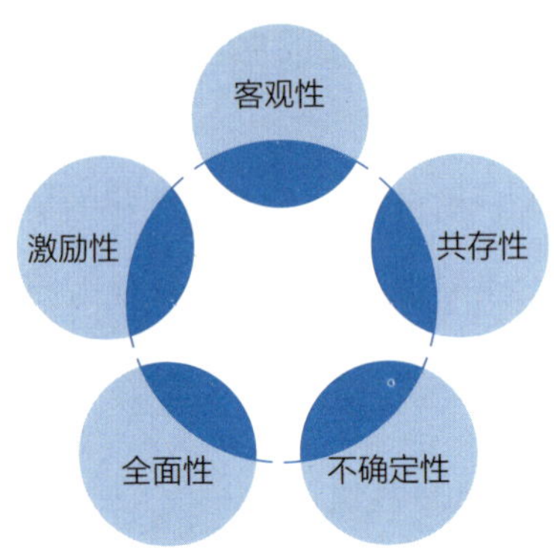

图 4-1 财务风险的五大基本特征

（1）客观性

客观性表现在财务风险是不可避免的，不以管理者的意志为转移，同时诱发财务风险的原因是多方面的。通常来说，财务风险来源于企业内外部，外部风险包括社会政治经济环境、市场环境以及竞争对手；内部风险包括负债风险、管理者的认识及其他方面能力的局限性。由此可以看出，企业财务风险并不完全由人的主观行为导致。

（2）共存性

共存性表现在风险和收益是共同存在的。通常来说，风险和收益成正比，即风险越大收益越高，风险越小收益越小。例如企业进行某项风险较大的投资，在承受较大风险的同时，也可能会因此获得丰厚的收益。

（3）不确定性

不确定性表现在虽然管理者和相关的财会人员可以通过事

前预估、事中控制的方式做出干预，但是影响财务活动的各种因素在不断地发生变化，使得财务风险仍然会产生，而且企业也不能通过判断完全确定财务风险的大小。

（4）全面性

全面性表现在财务风险并不只是单单存在于财务上的某一环节，而是存在于企业财务管理的全过程。例如，资金筹集和使用、分配等财务活动中都有可能会发生财务风险。

（5）激励性

激励性表现在管理者和财务人员会因财务风险的客观存在而积极采取相应的措施去防范和控制财务风险，进而实现降低风险、提高企业经济效益的目的。

总之，了解什么是财务风险及其基本特征是企业做好财务风险管理的第一步。

4.1.2　财务风险的分类

在财务管理工作中的不同环节，出现的风险类别会有所不同。一般来说，常见的财务风险有以下几种类别。如图 4–2 所示。

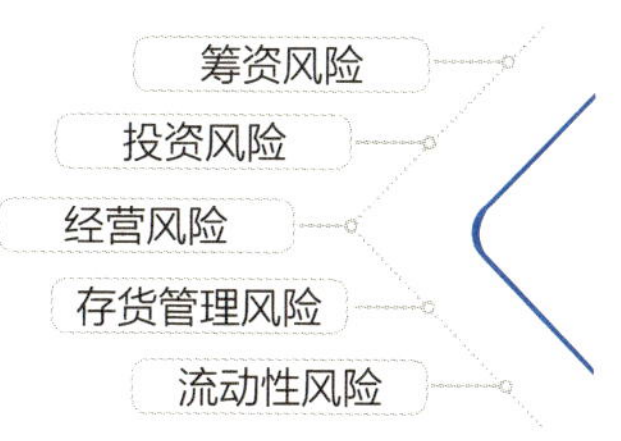

图 4–2　财务风险的分类

（1）筹资风险

筹资风险是指因受各种因素（如资金供需市场、宏观经济环境等）影响而给企业财务成果带来的不确定性风险。通常来说，筹资风险主要包括利率风险、再融资风险、汇率风险、债务期限结构不合理风险等。

（2）投资风险

投资风险是指因进行各种投资活动而给企业带来的财务成果的不确定性。例如企业投资项目过大、扩张过度而导致无力管控。通常来说，投资风险主要包括利率风险、再投资风险、汇率风险、通货膨胀风险、道德风险、违约风险等。

（3）经营风险

经营风险是指企业在生产经营的过程中，由于市场环境变动或者因供、产、销各个环节不确定因素的影响而造成的风险。经营风险主要包括采购风险、生产风险、存货变现风险、应收账款变现风险等。

（4）存货管理风险

存货管理风险是指企业由于缺乏存货管理意识、管理机制而导致的风险。存货管理对一个企业进行生产经营来说非常重要，但是如何确定最优库存量是一个比较麻烦的问题。因为存货太多一方面会造成成本的增加，另一方面也会导致产品积压，占用企业资金，带来较高的资金风险；但是存货太少又可能会影响企业的正常生产，甚至让企业面临违约、丧失信誉的风险。

（5）流动性风险

流动性风险是指企业资产不能正常和确定性地转移为现金或企业债务和付现责任不能正常履行的风险。因此，企业可以从变现能力和偿付能力两个方面分析与评价企业的流动性风险。我们通常将由于企业资产不能确定性地转移为现金而发生的问题则称为“变现能力风险”；将由于企业支付能力和偿债能力发生的问题称为“现金不足及现金不能清偿风险”。

以上是常见的企业财务风险的类别。此外，在实际工作中可能还存在其他类别的财务风险，需要企业根据实际情况进行分辨并采取针对性的措施进行防范和控制。

4.1.3　财务风险的成因

企业财务风险产生的原因有很多，大体可分为外部原因和内部原因。另外不同的财务风险形成的原因也不尽相同。总体来说，企业财务风险的成因一般有以下几点。如图 4–3 所示。

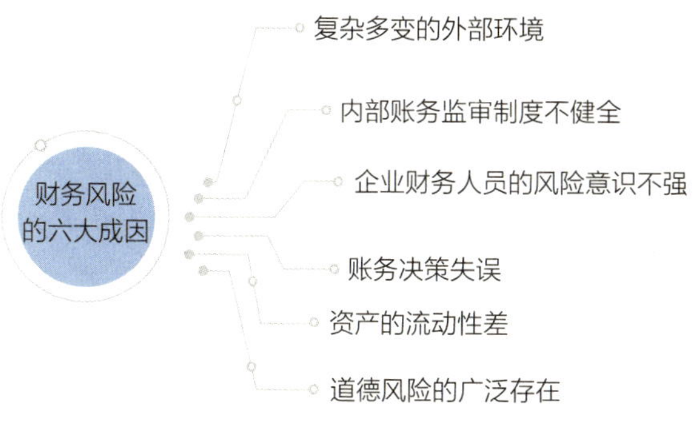

图 4–3　财务风险的六大成因

（1）复杂多变的外部环境

企业的生产经营活动是在复杂多变的外部环境中进行的，包括市场环境、法律法规环境、社会文化环境、政策环境等。这些环境的变化是企业难以预料和控制的，必然影响到企业的财务活动，对企业生产经营造成影响。

（2）内部财务监审制度不健全

财务监控管理在企业财务管理中有着重要的作用，但是不少企业却缺乏科学合理的内部财务监审制度。即便有些企业建立了类似的制度，但是在实际工作中并未严格按照制度执行，因此难以产生实际的效果，财务风险也极易发生。

（3）企业财务人员的风险意识不强

不少管理者和财会人员缺乏财务风险意识或者财务风险意识不强，认为只要管理好企业的资金，就能让企业处在一个安全稳定的发展环境中，这些想法和行为反而会把企业推入各种财务风险之中。

（4）财务决策失误

财务决策失误是产生财务风险的又一个重要原因，主要表现在管理者在决策时缺乏足够有效真实的信息作为支撑。例如管理者在做某项目投资决策时，并没有有关该项目详细的、充分的投资可行性报告，而是基于大致的判断做出决策，这就容易出现财务风险，使得企业遭受损失。

（5）资产的流动性差

财务风险与资产的流动性也有着密切关系。例如企业出现资金匮乏、存货积压等问题，通常都是资产流动性不强的重要表现，也是引发财务危机的原因。如果管理者不能很好地管理资产或者以适当的价格变换资产，很容易就会引发资产流动性风险，给企业带来财务危机。

（6）道德风险的广泛存在

道德风险的广泛存在也会对企业的财务风险产生负面影响，常见的市场经济中的欺诈、违约、投机取巧等行为都属于道德风险。例如，合作双方经济合同履约率低既会影响企业生产的正常运营，还会增加商品存货的仓储成本，进而增加企业财务风险。

综上，管理者可以从定义、特征、分类和成因 4 个维度了解什么是财务风险，进而为控制财务风险奠定坚实的理论基础。

4.2　有效识别财务风险预警信号

有效识别财务风险的预警信号，不仅可以在财务风险来临之前准备好应对措施，还能减少因解决财务风险而导致的成本。常见的财务风险预警信号有 6 个：企业过度依靠借款维持经营；应收账款不断增加，平均收账期延长；销售额持续下降；

存货积压；资本结构不合理和企业主营业务利润、营业利润和利润总额出现持续下降或亏损。如图 4–4 所示。

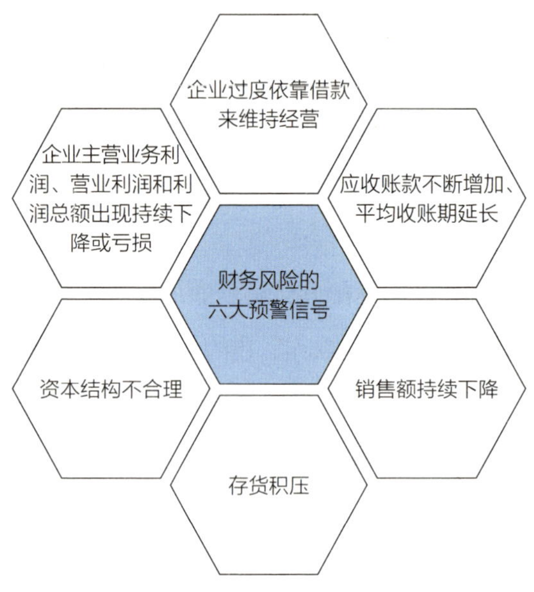

图 4–4　财务风险的六大预警信号

4.2.1　企业过度依靠借款来维持经营

如果说企业需要过度依靠借款来维持经营，那么说明企业自有资金不足。这一行为将会带来严重的后果。过度依靠借款很容易让企业发生资金链断裂，无法偿还到期债务。

所以，当发现企业过度依赖借款维持经营时，管理者就要意识到持续增长的负债会导致财务危机的出现。基于此，管理者不仅要树立风险意识，还要确定企业合理的负债规模及负债结构，以此提高资金利用率。

4.2.2　应收账款不断增加、平均收账期延长

应收账款是指企业在正常的经营过程中因销售商品、提供服务等业务而向购买方收取的款项。简言之，应收账款就是销售出去的商品或服务暂时还没有收回的货款，它反映的是企业对客户的债权。如果企业的应收账款不断增加，平均收账期延长，那么也会给企业带来财务风险。因为只有收回来了才能真正成为企业的资产。应收账款对企业的正常经营有着重要的价值，同时应收账款的回收速度也反映了企业的资金流动水平。因此，应收账款若出现问题，自然也会影响企业的经营。

（1）应收账款不断增加，平均收账期延长的风险

应收账款不断增加，平均收账期延长会给企业带来以下 4 点风险。

一是坏账风险增加，可能会使企业直接遭受资产损失。因为有些应收账款可能永远收不回来了，但是财务会计并没有做冲销，这一部分应收账款实际上已经成为坏账，已经是企业的损失了。

二是资金流转速度减缓，进而影响企业的经营效率，资金周转可能出现问题。

三是应收账款太多会增加企业的人力成本和管理成本。企业需要让更多的员工用更多的精力去追账、去整理和跟进相关

信息。

四是现金流断裂、利润虚高的风险。

因此，当企业出现应收账款不断增加时，管理者一定要高度重视并查看企业的经营活动净现金流量。当管理者发现企业的经营活动现金流量净额与销售收入的比例持续下降时，就要采取措施予以控制。

（2）管理应收账款的策略

某种程度上说，管理应收账款并没有一劳永逸的办法，它需要管理者做好以下几件事。

一是建立应收账款管理的理念。即销售出去的货物如果账款没有收回来，那么管理者的任务就没有完成。

二是建立事前了解、事中管理、事后解决的应收账款管理体系。具体来说，管理者事前要对客户进行全面的考察、分析，包括掌握客户的信用背景、偿债能力，并思考是否该延长信用期和是否对所有的客户赊销等问题。需要注意的是，老客户和新客户要区别对待，赊销额度也要建立相应的标准。事中要时刻关注客户的动向，尤其是逾期应收账款，管理者要加强重视，安排专人进行催收。事后管理者要建立清欠的制度和措施，对于长期形成的逾期应收账款要分情况对待，或走保理途径，或者采取诉讼手段等，按照现实情况采取最适合的、最能解决问题的方法追回应收账款。

三是定期与客户核对往来账。定期核对往来账一方面是为了保证企业债权的清晰准确，另一方面也是为了发现差错可以及时处理。

4.2.3　销售额持续下降

企业销售额持续下降会给企业带来非常严重的财务困扰，可能会导致企业逐渐失去资金来源。但是，不少管理者习惯性地将销售额下降看作是销售问题，并且常从价格调整、产品品类不受欢迎等角度来进行解释，很少考虑到可能是财务出现了问题。事实上，销售额的下降也会给企业带来严重的财务问题，尤其是非预期的下降会带来潜在的风险。因此，管理者必须要重视销售额持续下降的问题。

当企业的销售额持续下降，但企业仍然还在扩大向客户提供赊销时，管理者就需要意识到这一现象背后可能会给企业的现金流带来困境。在此情况下，管理者需要加强内部控制，通过开发新产品、开拓市场等方式防止财务资源进一步流失。

4.2.4　存货积压

存货是企业在日常活动中为出售或耗用而储存的各种资产。存货积压是指因为产品本身品质变坏等原因导致其失去了效用价值的库存，或者因为不能再在市场销售或者销售不出去的产品库存。当存货中的产品或者产成品大幅增加时，企业应该首先判断固定资产是否有大幅投资增长，或者是否增设了匹配数量的分支机构并且营业收入出现大幅的增长。如果没有出现以上的情况，那么很可能出现了存货积压。

（1）存货积压的风险

如果存货积压超过了企业正常需求的储备，就会导致严重的财务后果，包括产品损毁、产品仓储费用和产品跌价等风险。这既增加了存货持有成本，降低企业资本赢利能力，同时又加大了企业未来的资金压力。具体表现在以下两点。

一是降低资本盈利率。存货积压会长期占用企业大量资金。为了弥补流动资金的积压，企业可能需要增加贷款，结果导致发生刚性较强的财务费用支出，从而降低资本盈利率。

二是占用了企业有限的空间和人力。常见的呆滞库存不仅会长期占用仓库空间，还会浪费大量的人力、物力及财力，给企业带来负面影响。

（2）存货积压的应对策略

要想有效解决存货积压的问题，企业要做好以下 3 点。

一是确定存货经济订货量。企业可以通过确定存货经济订货量，来避免存货积压。存货经济订货量是指使存货成本最小的订货数量。

经济订货量的计算公式为 Q*=SQRT（2×DS/C）（其中 Q* 是指经济订货批量；D 是指产品年需求量；S 是指每次订货成本；C 是指单位产品年保管费用；SQRT 是根号，即开平方。）

有一家啤酒销售企业，其每年啤酒的销售量为 2 万瓶，每瓶啤酒的储存成本为 2 元，每次的订货成本为 25 元，则该啤酒企业的经济订货量的计算过程如下：

Q*= SQRT（2 × 20000 × 25/2）≈ 707（瓶）

由此可以得出，该啤酒企业每次订货的最佳数量为 500 瓶。

若该啤酒企业每次按照这个数量进行订货，一方面可以使得存货成本最小，另一方面也会降低存货积压的风险。

值得强调的是，确定存货经济订货量的企业需要满足 3 个条件：一是企业能够及时补充存货，二是存货需求量稳定并且能预测，三是存货价值保持不变。换句话说，如果企业不能取得较为准确的全年订单预算，就很难用这个方法确定存货经济订货量。

二是增加销售或削减采购进行管理。有时企业出现存货积压的情况与企业出现非预期的销售下跌有关，因此企业就可以通过增加销售或削减采购的方法予以解决。另外，也可以通过观察现金流量表中购买存货支付的现金流量与销售收入取得的现金流量的比例变化，分析其中的异常情况。

三是综合各种信息确定一个合理的库存。除了根据公式确定存货经济订货量外，企业也可以根据客户订单情况、产品所处的生命周期、销售季节、促销活动安排等信息，综合考量确定一个合理的库存。

综上，当管理者发现企业出现存货积压现象时，就要立即识别这是一种危险信号，并采取措施去解决这一问题。

4.2.5 资本结构不合理

资本结构，是指企业的负债与股东投资额的分配情况。它反映了一个企业债务与债权的构成比例。资本结构是企业财务状况的重要指标，它能决定企业未来的赢利能力。合理的资本结构可以降低企业的资本成本，提高资本的收益率。

一般来说，资本结构有 3 种模式，即保守型资本结构、适中型资本结构和风险型资本结构。这 3 种资本结构的特征如表 4-1 所示。

表 4-1 3 种资本模式及其特征

资本模式	特征
保守型资本结构	财务风险较小，资本成本高，负债以中长期债务为主
适中型资本结构	流动负债解决流动资金需求，权益资本或者长期负债支持长期资金需求
风险型资本结构	资本较低，风险高；权益资金较少，负债比率较高，使用流动负债支持长期资金需求

通常情况下，在资本结构中负债资本比重与其风险呈正

比，即负债资本比重较高，那么其风险就较高；反之，负债资本比重较低，那么其风险就较低。资本结构不合理对企业有着较大的影响，它会使得企业财务负担沉重，偿付能力不足，甚至无法偿还到期债务，进而引发财务危机，使企业遭受风险。

面对资本结构不合理的情况，企业可采取以下措施。

（1）构建合理的资本结构

在构建合理的资本结构时，企业需要考虑两大因素。

第一个因素是资本成本。通常资本成本的高低是衡量资本结构是否合理的重要依据。进一步说，一个合理的资本结构，其成本应该是最低的。

第二个因素是风险。不同的资本结构所承担的风险不同。一般来说，企业可适度地利用负债，以使得资本成本较低。但是，当企业的负债过高时，企业很可能会面临繁重的债务负担和巨大的财务风险。

（2）制定合理的企业融资策略

合理的融资策略对优化企业的资本结构以及有效地实现企业的财务管理有着重要的积极意义。所以，企业要根据自身所处的不同发展阶段和所拥有的资源及条件，考虑不同的融资策略。比如企业在发展的初期阶段，规模相对比较小，这时期多依靠股东出资和借款。

总之，了解资本结构一方面有助于管理者了解企业的财务风险，另一方面企业也可通过构建合理的资本结构降低企业的财务风险，以此实现财务风险预警的目的。

4.2.6 企业主营业务利润、营业利润和利润总额出现持续下降或亏损

在分析企业主营业务利润之前，我们首先要分析企业的营业收入和主营业务收入。营业收入是企业在生产经营活动中的主要收入来源，包括销售收入、提供劳务的收入等。在企业中，营业收入通常又分为主营业务收入和其他业务收入。主营业务收入在一个企业中所占的比重较大，它是一个企业最重要的收入来源，对企业的生存和发展有着重大的作用。因此，在分析营业收入时，企业要重点分析主营业务收入，因为主营业务收入是企业的经常性收入，且通常具有持续再生的能力。

一般来说，企业通过营业净利率来衡量营业收入给企业带来利润的能力。

营业净利率的计算公式：

营业净利率 = 净利润 / 营业收入 ×100%

（1）主营业务利润、营业利润和利润总额出现持续下降或亏损的原因分析

通常来说，若一个企业营业净利率比较低，表明该企业没有创造足够多的利润，或者没有成功地控制成本与期间费用。

这时就很可能会出现企业主营业务利润、营业利润和利润总额出现持续下降或亏损的情况。在这种情况下，企业可重点从营业收入下降和营业成本上升两个角度分析。

一是营业收入下降。营业收入的增长速度对企业非常重要，可以说企业的规模从小到大，与营业收入的不断增加有着密切的关系。营业收入的增加也反映出企业的产品或服务在市场的受欢迎程度。相反，营业收入的增长出现停滞甚至下滑，很可能是企业的发展遇到了困难，市场开拓出现了阻碍。下面我们从主营业务的角度具体分析主营业务收入下降的原因。

①产品价格下调。面对激烈的市场竞争环境，有的企业会为了吸引消费者降低主营产品的价格。但是最终的结果是主营产品的价格下调了，销售额却没有达到预期的增幅，使得销售收入不增反降。

②主营产品销量下滑。在主营产品价格没有出现大的变动的情况下，销量的下滑也会导致主营业务收入降低。销量下滑的原因有很多，比如市场需求低、市场出现了具有竞争力的产品、企业的营销人员流动性大、市场销售员的能力不强、企业的广告投入不够、企业的产品出现问题等。这些原因都有可能造成销量下滑。

综上，当主营业务成本不变，主营业务收入出现下降，会导致企业主营业务利润下降或者亏损。

二是营业成本上升。因为营业利润是营业收入和营业成本的差值。所以，我们除了要分析营业利润外，也要分析营业成本的因素。在营业收入不发生变化的前提下，营业成本的上升也会造成主营业务利润的下降。营业成本的上升除了包括直接材料、制造费用和人工成本上升外，也有可能是车间制造费用（包括物料消耗、水电费、运输费）或者生产车间的工人工资上涨引起的。

（2）主营业务利润、营业利润和利润总额出现持续下降或亏损的应对措施

当企业发现主营业务利润、营业利润和利润总额出现持续下降或亏损时，说明企业出现了财务风险。面对这一现象，企业就需要采取控制措施。一般来说，企业可以从以下两个方面采取措施。

一是了解企业主营业务利润出现下降的原因。例如市场部根据分析了解到企业主营业务利润下降的原因是广告投入不够，产品没有打开市场。基于此，企业就要制订产品宣传方案，做好产品宣传的工作，以提升产品的销量。

二是控制料、工、费，降低成本。控制料、工、费是控制成本的核心和关键。如果企业不注重成本控制，也会让企业遭受风险。具体来说，在控制成本方面，企业要做到以下两点。

①提高节约成本的意识，降低出现废品的概率。有的企业生产需要经过几个、十几个甚至几十个环节，一个环节的失控可能会使整体失效。所以企业可通过提高员工的技术素质，聘

用技术熟练的员工；提高企业全员的质量意识；认真做好记录，包括出现废品的原因和数量等，进而降低废品率，减少材料费用。

②降低人工费用，控制生产成本。具体的措施包括运用人力资源外包来降低成本、降低员工的流动成本、降低单位人工耗用量、寻找低人工成本洼地等方式。

4.3　财务风险的控制策略

财务风险管理的重点是对可能出现的主要财务风险进行预警，以避免财务风险转化成财务危机，从而使企业获得持续发展的机会。基于此，管理者一方面要提高对管理企业财务风险的认识，另一方面也要采取积极有效的措施予以控制，以促进企业良性有序发展。

4.3.1　增强财务人员风险观念

财务工作由财务人员处理，而财务人员的风险意识与财务风险发生与否有着紧密的关联。因此，在财务风险的控制环节，企业要增强财务人员的风险观念，提升他们及时发现财务风险、分析财务风险、应对财务风险的能力。

具体来说，企业可以从以下几点增强财务人员的风险观念。如图 4–5 所示。

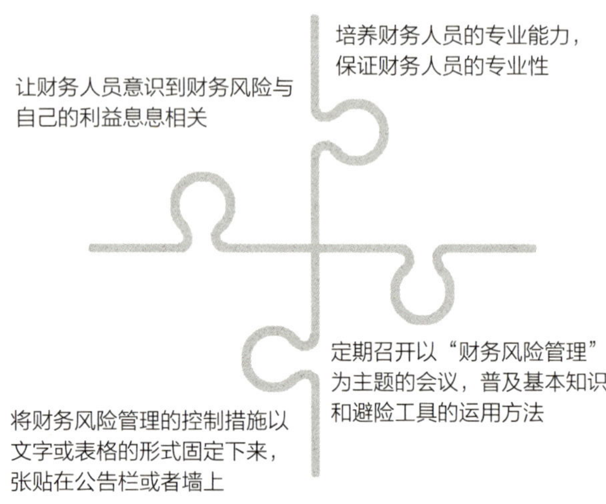

图 4-5　增强财务人员的风险观念的方法

一是培养财务人员的专业能力，保证财务人员的专业性。财务工作属于一项综合性和专业性很强的工作，财务人员的专业水平会对财务管理工作的质量产生直接的影响。因此，企业通过培训财务人员的专业能力，既能让财务人员感受到企业对财务风险管理的重视，又能潜移默化地增强财务人员的风险观念。

二是定期召开以“财务风险管理”为主题的会议，普及基本知识和避险工具的运用方法，对财务人员提供必要的风险意识教育。这个方法可以让财务人员能经常性地保持对财务风险的敏感度，同时提高财务人员的风险管理能力。

三是将财务风险管理的控制措施以文字或表格的形式固定下来，张贴在公告栏或者墙上。

四是让财务人员意识到财务风险与自己的利益息息相关。例如财务人员因徇私舞弊行为会受到严厉的处罚，甚至是面临法律风险；相反，财务人员因帮助企业避免财务风险的损失会受到丰厚的褒奖等。

企业一方面要增强员工对财务风险的紧迫感和危机感，让其意识到财务风险的存在和带来的影响；另一方面也要通过各种途径和方法增强财务人员的风险观念，并反馈到工作行为上，进而降低因个人原因而导致的财务风险。

4.3.2　多元投资，分散风险

多元投资是指企业在不同的领域、不同的产业进行投资，或者投资不同种类的产品。不少企业在投资时常常将“所有的鸡蛋都装在一个篮子里”，一旦发生变化，将会带来巨大的风险。相反，若是采取多元投资的方式，就能够很好地分散风险。

（1）企业投资形式

按照不同的方式划分，企业投资有多种形式。

一是按照投资活动是否与企业生产经营活动有关，可以将企业投资分为直接投资和间接投资。其中直接投资是指与企业生产经营活动相关的投资，常见的有企业购置固定资产、建设厂房等。间接投资一般是指与企业的生产经营活动没有太大关系的投资，比如股票投资和债券投资等。

二是按照投资时间长短划分，可分为短期投资和长期投资。其中短期投资一般是指企业零散的投资，其影响相对较小。长期投资通常指一年以上的投资，涉及的金额往往比较大，对企业的影响也比较深远。

三是按照投资方向的不同，可划分为对内投资和对外投资。其中对内投资是指对企业内部活动进行的投资，对外投资则是指对企业以外的活动进行的投资。

企业要想进行多元投资分散风险，就意味着企业不能将全部的资金用于购置固定资产，或者将全部资产进行股票投资。最适合的做法就是企业合理规划资金，将部分资金用于购置固定资产，将部分资金购买股票或债券，将部分资金用于对内投资等，以达到分散风险的目的。

（2）企业投资的决策步骤

无论企业进行哪种形式的多元投资，都必须要经过严格的程序进行决策。一般来说，一个科学的投资决策需要经过以下几个步骤。如图 4–6 所示。

图 4–6　企业进行投资行为的决策步骤

第一步，预算收支。企业需要通过搜集有关投资项目各方面的资料，进而做好该投资项目所需要的初始投资、该投资方案在未来的现金流量以及该投资方案所需的年限等方面的预算。

第二步，预估风险。企业在进行投资决策时还要关注该投资方案的风险大小，从而提前做好准备，避免额外的损失。具体来说，企业一方面要从法律、市场前景、财务和资源等角度对投资项目进行可行性分析，另一方面也要从投资项目的市场规模、市场的成长性以及投资项目的成本、利润率和未来潜力、投资方在知识产权（包括技术及商标等）和品牌方是否存在纠纷，是否拥有所有权等方面的安全性进行考虑。

第三步，确定资本成本。企业进行投资的资金往往是通过各种方式筹集而来的，为了合理地计算投资收益，企业在进行决策的过程中不可忽视资本成本的计算。

第四步，计算净现值。投资项目的收入和支出往往分布在未来的不同年份当中，由于资金具有时间价值，企业需要计算这些收入和支出的净现值，以便进行比较。

净现值的计算公式：

净现值 = ∑（各期现金流入量 × 贴现系数）− ∑（各期现金流出量 × 贴现系数）

第五步，做出决策。企业可根据净现值的正负决定是否做出这一投资行为。除了根据净现值的正负值判断外，企业还可以通过预期项目收入、预期项目利润、净利率、增长率4个指标来了解该项目的赢利能力和成长性，进而决定是否做出投资行为。

4.3.3 合理调整资金结构，建立资金控制制度

资金结构通常是指企业各种资金的构成及比例关系。最佳资金结构通常是指资金成本最低、企业价值最大的资金结构。一般来说，影响企业资金结构的因素包括企业资产结构、企业财务状况、投资者和管理人员的态度、行业因素等。

对企业来说，合理的资金结构有利于降低风险，提高企业价值。因此，合理调整资金结构，并建立资金控制制度，能有效地防控企业的财务风险，以最小的代价、最低的风险获取最大的经济利益。具体来说，企业要做好以下的工作。

（1）确定最佳资金结构

一般来说，企业确定最佳资金结构有三大方法：每股利润无差别点法、比较资金成本法和公司价值分析法。

一是每股利润无差别点法。通常是指企业在不同的筹资方式下，分析资金结构与每股利润之间的关系，以此了解企业当前的经营状态或盈利水平，并确定合理的资金结构的方法。

二是比较资金成本法。通常是指企业通过拟订多个方案，并计算各个方案加权平均的资金成本，进而确定出最佳资金结

构的方法。

三是公司价值分析法。通常是指通过计算和比较各种资金结构下公司的市场总价值，以确定最佳资金结构的方法。

（2）关注三大考核指标

指标是评价和考核责任主体完成任务的尺度。因此，一个企业若是想了解各任务的完成情况，就要建立健全企业的财务指标体系。具体来说，企业需要重点考核以下几个指标。

第一，资产保值增值率。资本保值增值率一般可以反映企业资本的运营效益与安全状况。该指标越高，说明企业的运营效益越好。

资本保值增值率的计算公式：

资本保值增值率 = 期末所有者权益 ÷ 期初所有者权益 ×100%

第二，资产报酬率。该指标考核企业赢利或发展能力。通常情况下，资产报酬率越高，资产利用效率就越高，说明企业运营良好。

资产报酬率的计算公式：

资产报酬率 =（净利润 + 利息费用 + 所得税）/ 平均资产总额 ×100%

第三，净资产收益率。净资产收益率是企业税后利润除以净资产得到的百分比率，一般可以反映出股东权益的收益水平。通常来说，数值越高，所获得的收益也越高。

净资产收益率的计算公式：

净资产收益率 = 净利润 / 净资产 ×100%

要想合理调整资金结构，建立资金控制制度，管理者可根据以上内容确定方向。

4.3.4 合理进行财务决策，减少风险

管理者的财务决策对财务管理工作也有着重大的影响，经验决策和主观决策往往会大大提升决策失误的可能性，也会带来潜在的财务风险。基于此，管理者要合理且科学地进行财务决策，防止因决策失误而产生财务风险。

具体来说，管理者要实现合理进行财务决策就要做到以下几点。

（1）多搜集资料，列出所有可能的方案

在做财务决策之前，管理者要尽可能地多搜集资料作为评估的依据，列出所有可能的方案。管理者可以使用“如果……会……”的思考问句对资料进行评估。例如“如果采取了 ×× 措施会怎么样？其他也需要跟着改变吗？会产生什么样的连锁

反应？”“如果调整了 ×× 方案会怎么样？”“否则会怎么样？”等，尽可能多地向自己提问，以得出更多可能的解决方案。

（2）运用科学的决策模型进行决策

管理者运用决策模型进行决策，可以尽可能让决策更科学、合理。常见的科学的决策模型包括 LI 型的决策模式、LCT 型的决策模式等，其中 LI 型的决策模式是指管理者在决策之前选择性地询问员工对这一决策的看法，但并不让员工知道询问的目的何在，然后根据得来的信息做出决策。LCT 型的决策模式则是管理者在决策时召集相关的主管一起开会，向主管们说明决策的目的与困难，并邀请各位主管发表自己的看法和决策建议。在这中间，管理者扮演的是鼓励发言、引导讨论的角色，让不同的看法相互碰撞，最后由管理者综合各家意见并结合自己的想法做出决策。

（3）进行深入、全面的思考

在即将做出决策之前，管理者要进行深入、全面的思考。管理者需要重点思考这样几个问题：每一种方案优缺点是什么；可能会造成哪些正反面结果的出现；这些方案是否能达成自己设定的预期目标；企业是否有足够的资源支撑自己选择这项方案等。

（4）适度邀请第三人参与决策

管理者在决策时可以邀请企业的其他人员，包括股东、财会人员等，也可以邀请企业外部的专家等，结合他们的建议或意见，采取综合决策的策略。

4.3.5 合理应对外部风险

除了内部环境的影响外，多变的外部环境也是造成企业陷入困境的一个重要因素。不少企业虽然铆足了劲儿做好了内部控制，但是因为疏于防控外部风险，同样也可能会使得企业遭受损失。

（1）企业存在哪些外部风险

通常情况下，企业的外部风险主要包括政治风险、法律风险、社会文化风险、技术风险、自然环境风险和市场风险。如图 4–7 所示。

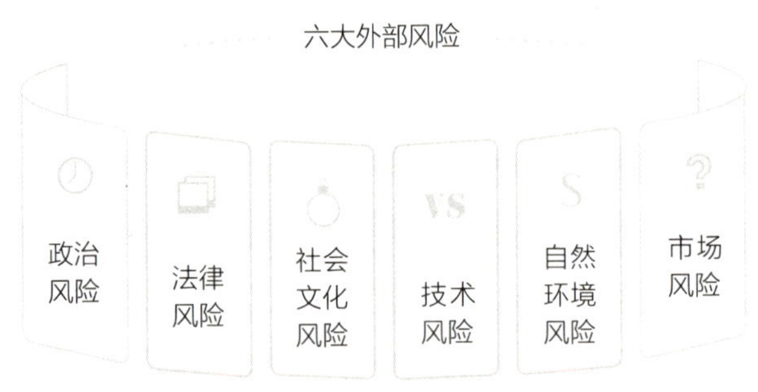

图 4–7 企业的六大外部风险

政治风险是指由各种政治因素包括政策法规而造成的风险。

法律风险是指企业在经营过程中因自身经营行为不规范、不懂法律规则、疏于法律审查、逃避法律监管所造成的经济纠纷、陷入合同诈骗、债务纠纷等各种法律原因而造成的风险。

社会文化风险是指由文化因素而造成的风险。包括跨国经营活动引发的文化风险、企业并购活动引发的文化风险等。

技术风险是指由技术原因而造成的风险。包括技术设计风险、技术研发风险、技术创新风险等。

自然环境风险是指由于企业和其业务的存在对自然环境带来破坏而需承担损失的风险。常见的自然风险包括烟囱产生的空气污染、垃圾处理厂的废物倾倒等。

市场风险是指因市场需求变动，原材料供应不足、产品或服务的价格及供需变化，能源、原材料、配件等物资供应的充足性、稳定性和价格的变化带来的风险，主要客户、主要供应商的信用风险等带来的风险。

（2）如何合理应对外部风险

企业可以采取以下策略合理地应对外部风险。

一是政治风险应对策略。企业要及时了解政治政策，尤其是突变性政策风险，要在企业运营的过程中进行日常监管，出现异常情况要及时做出判断，对违法乱纪行为要立即做出干预和查处，以建立良好的、规范的企业经营环境。

二是法律风险应对策略。首先，管理者要树立规范经营的意识，无论是企业经营中的法律风险意识，还是业务流程中的程序与规则意识，都要严格按照规范执行；其次，企业还要建立防范企业法律风险的内部管理制度，包括合同管理、商标管理等。

三是社会文化风险应对策略。面对社会文化风险，企业要重点关注自身的产品和服务是否与当地的民族文化、地区文化相契合。例如当企业与跨国企业合作时，首先要关注到该项目和合作企业背后的社会文化背景是否契合，然后要进行跨文化培训，以降低因社会文化的不同而带来的风险，常见的包括语言培训、跨文化沟通及冲突处理能力的培训等。

四是技术风险应对策略。企业要依靠专利保护掌握核心技术，并成立研发中心不断丰富、革新、提升技术含量，以抵抗技术风险。此外，企业还要加强内部人员的技术培训，以全面提升员工研发、应用技术的能力。

五是自然环境风险应对策略。企业在生产经营的过程中既要有保护环境的意识，又要关注自己的产品和服务是否符合环保标准。例如化工企业要关注自身企业排放的废水是否符合环保标准，一旦发现问题要及时整改。

六是市场风险应对策略。企业一方面要增强全员的风险意识，另一方面也要及时捕捉市场信息，并快速处理、传递、反馈正确的市场信息。除此之外，企业也要控制物资采购风险，按照质量优先、价格优先、近者优先等原则采购企业的物资，购买大宗物资选择竞价、竞标的方式等。

4.4 税务风险预警与控制

税务风险预警是税务机关为了加强对增值税一般纳税人的管理，防止出现零、负申报，控制税负偏低的纳税人而采取的一项征管措施。

通常来说，如果企业纳税人在一定时期的税负在预警线以上，税务机关一般不会过分监管。但是如果税负低于预警线，税务机关就会介入，进而分析原因，进行纳税评估。

从税务机关角度看，这是防止纳税人虚构经济业务、虚开增值税专用发票、加强重点税源管理的一种方法。从企业的角度看，存在税务风险的企业也会影响企业的正常运营，带来运转困难。因此，企业要时刻关注自身是否存在税务风险，并积极做好税务风险预警与控制。

4.4.1 增值税专用发票用量变动异常

增值税专用发票用量变动异常一般有以下几种情况。

（1）一般纳税人增值税专用发票异常

通常来说，一般纳税人经营情况出现销售波动时要求增值税专用发票是正常的，但是如果企业在一个月内出现 3 次增值税专用发票且增值税专用发票总数超过 240 份（平均每次超过 80 份），那么税务局就有理由判定企业经营波动太大，不符合经营常理。因此要对企业进行检查，防止虚开后突然注销以及走逃。

一旦发现纳税人增值税专用发票异常，企业就要提高风险防范意识，不仅要追踪货物、发票的开源和货款的去向，还要积极地审查发票的性质。为了防止发票虚开，企业在与对方合作时要采取银行转账等线上付款方式，既有迹可循，又能防止出现虚开发票而不自知的情况。

（2）增值税专用发票用量变动异常

具体表现在除了正常业务变化外，存在虚开的现象。尤其是当纳税人开具增值税专用发票超过上个月 30%（含）并超过上个月 10 份以上时，企业就要高度关注并采取措施。

具体来说，企业要检查购销合同是否真实、生产经营情况是否与签订的合同情况相符并实地检查存货等。

（3）专用发票作废率偏高异常

企业如果出现专用发票作废率偏高异常情况，就要考虑可能存在虚假作废发票，不计、少记销售收入等现象。

虽然税法规定对于发票作废张数没有限制，但是专用发票作废过多会影响发票领购（因为每个月有使用限额，作废多过会影响发票正常的使用），所以增值税专用发票作废张数过多不用进行特别处理，但后续使用发票就需要注意。同时还要及时联系税务专管员并说明缘由。

4.4.2 期末存货大于实收资本差异幅度异常

期末存货是指在某一时期结束时可供使用或出售的产品、原料等的账面价值。实收资本是指企业实际收到的投资人投入的资本。一般情况下，期末存货大于实收资本是正常情况，但是如果差异幅度出现异常，就会出现问题。具体来说，纳税人期末存货额大于实收资本，企业就要预警并进一步分析这一现象出现的原因，是否存在生产经营不正常，可能存在库存产品不真实，还是销售产品或服务后未结转收入等问题。

4.4.3 增值税一般纳税人税负变动异常

税负率是指增值税纳税义务人当期应纳增值税占当期应税销售收入的比例。常用的税负率为增值税税负率和所得税税负率，其中增值税税负率最容易出问题。

如果出现增值税一般纳税人税负变动异常的现象，通常是因为纳税人自身税负变化过大。再进一步分析，可能存在账外经营、已实现纳税义务而未结转收入、取得进项税额不符合规定、虚开发票等问题。

税负变动率和税负的计算公式：

税负变动率 =（本期税负 − 上期税负）/ 上期税负 ×100%

税负 = 应纳税额 / 应税销售收入 ×100%

一般情况下，增值税一般纳税人税负变动异常的预警值是 ±30%。

如果出现增值税一般纳税人税负变动异常，企业就要重点检查销售业务的来往凭证，从原始凭证到记账凭证、销售、应收账款、货币资金、存货等，将本期与其他各时期进行比较分析，以查明其中原因。

4.4.4 期末存货与当期累计收入差异幅度异常

一般来说，当企业正常生产经营的纳税人期末存货额与当期累计收入对比的差异幅度异常，很有可能出现了库存产品不真实、销售货物后未结转收入等问题。

纳税人期末存货与当期累计收入差异幅度的计算公式：

纳税人期末存货与当期累计收入差异幅度 =（期末存货 − 当期累计收入）/ 当期累计收入。

一般情况下，纳税人期末存货与当期累计收入差异幅度异常的预警值在 50%。

如果企业出现期末存货与当期累计收入差异幅度异常，就要重点检查库存商品，并重点分析预收账款、应收账款、其他应付款等，以查明原因。

4.4.5　进项税额大于进项税额控制额

进项税额是指纳税人购进产品或应税劳务所支付或者承担的增值税税额。

进项税额的计算公式：

进项税额 =（外购原料、燃料、动力）× 税率；进项税额控制额 =（本期期末存货金额 − 本期期初存货金额 + 本期主营业务成本）× 本期外购货物税率 + 本期运费进项税额合计；进项税额大于进项税额控制额的具体数据 =（本期进项税额 / 进项税额控制额 −1）×100

进项税额大于进项税额控制额的预警值一般为 10%。

一般来说，进项税额大于进项税额控制额的问题具体表现为纳税人申报进项税额与进项税额控制额进行的比较。若申报进项税额大于进项税额控制额，则很有可能存在虚抵进项税额的问题。进一步分析，企业需要查看在建工程和固定资产的信息，并判断企业是否存在将外购的不符合抵扣标准的固定资产发生的进项税额申报抵扣，是否存在虚开发票和其他抵扣凭证的问题，免税项目、集体福利等是否按照规定做进项税额转出。

4.4.6 预收账款占销售收入 20% 以上

预收账款是指经双方协议商定，企业向购货方预收的购货订金或部分货款。销售收入是企业通过产品销售或提供劳务所获得的货币收入，以及形成的应收销货款。

预收账款占销售收入比例计算公式：

预收账款占销售收入比例 = 评估期预收账款余额 / 评估期全部销售收入 ×100%

当企业发现预收账款比例偏大，就要意识到可能出现了未及时确认销售收入的情况。当预收账款占销售收入 20% 以上，说明已经到了预警值。这时，企业就要采取措施，包括检查合同是否真实、款项是否真实入账等。

4.4.7 销售额变动率与应纳税额变动率弹性系数异常

纳税人销售额变动率与应纳税额变动率是纳税评估中用到的两个指标。一般来说，销售额变动率超出预警值，企业很可能出现少计算了收入或多算了成本的情况。应纳税额变动率超过预警值，说明企业很可能出现偷税漏税的问题。

纳税人销售额变动率与应纳税额变动率弹性系数和销

售额变动率的计算公式：

纳税人销售额变动率与应纳税额变动率弹性系数＝销售额变动率／应纳税额变动率

销售额变动率＝（本期销售额－上期销售额）／上期销售额

应纳税额变动率＝（本期应纳税额－上期应纳税额）／上期应纳税额

一般来说，纳税人销售额变动率与应纳税额变动率弹性系数的预警值是1。

当弹性系数大于1且二者都为正数时，企业很可能出现了将本企业的自产产品或外购货物用于集体福利、在建工程等，不计收入或未做进项税额转出等问题。

当弹性系数小于1且二者都为负数或者当弹性系数为负数，纳税人销售额变动率为正、应纳税额变动率为负时，同样可能存在上述问题。

当弹性系数小于1且二者都为正或者当弹性系数为负数，纳税人销售额变动率为负、应纳税额变动率为正时，尚未出现问题。

如果企业纳税人销售额变动率与应纳税额变动率弹性系数出现异常，企业可对照上面的预警值确认是否存在问题，然后采取相应的措施予以解决。

4.4.8 主营业务收入成本率异常

主营业务收入是指企业经常性的、主要业务所产生的基本收入。

纳税人主营业务收入成本率和收入成本率的计算公式：

纳税人主营业务收入成本率 =（收入成本率 − 全市行业收入成本率）/ 全市行业收入成本率

收入成本率 = 主营业务成本 / 主营业务收入

纳税人主营业务收入成本率的预警值分为两种情况：工业企业是“−20% ~ 20%”，商业企业是“−10% ~ 10%”。通常来说，企业因扩大生产的需要其主营业务成本都会呈现增长的趋势，因此这一数值一般为正值。如果主营业务成本变动率超出预警值范围，很可能出现了销售未计收入、多列成本费用等问题。

正常情况下，主营业务收入成本率若明显高于同行业平均水平，则应判断为异常，此时企业需查明纳税人有无多转成本或虚增成本的情况。进一步说，企业检查的重点包括企业原材料的价格是否上涨、企业是否有新增设备等。

4.4.9 进项税额变动率高于销项税额变动率

通常情况下，增值税一般纳税人进项税额和销项税额变动率在理想状态下，二者变动方向和幅度基本一致。通过分析变动率，企业可以得出纳税人当期进项税额和销项税额的变动方向和变动幅度的信息，并对变动异常的纳税人进行预警。

进项税额变动率和销项税额变动率的计算公式：

进项税额变动率＝（本期进项税额－同期进项税额）/同期进项税额 ×100%

销项税额变动率＝（本期销项税额－同期销项税额）/同期销项税额 ×100%

当进项税额变动率大于销项税额变动率时，企业很可能出现了销售货物不开票而隐瞒销售收入，取得虚开增值税专用发票虚假抵扣税款，取得虚假、虚开其他抵扣凭证虚假抵扣税款等问题。

因此，若是出现此类情况，企业需要重点审核税款抵扣凭证，并重点审查税款抵扣的真实性、合法性和是否存在购货付款不一致、扩大抵扣范围等问题。主要包括有无购进固定资产抵扣进项税，有无用于非应税项目的购进货物或应税劳务抵扣进项税，有无用于免税项目的购进货物或应税劳务抵扣进项税等。

4.4.10　存货周转率与销售收入变动率弹性系数异常

存货周转率是指主营业务成本与平均存货余额的比率，它通常用于反映存货的周转速度。

存货周转率与销售收入变动率弹性系数、销售收入变动率和存货周转率的计算公式：

存货周转率与销售收入变动率弹性系数 = 存货周转变动率 / 销售收入变动率

存货周转变动率 = 本期存货周转率 / 上期存货周转率 −1

销售收入变动率 = 本期销售收入 / 上期销售收入 −1

存货周转率 = 销售成本 / 存货平均余额

存货平均余额 =（存货期初数 + 存货期末数）/2

通常情况下，存货周转率越大，说明企业的产品销售越好。但是这一数值太大，也很有可能会导致销售回款不及时、产品供不应求及库存短缺、资金周转不灵等问题。一般来说，存货周转率的理想比值应该是 1∶1。

正常情况下存货周转率与销售收入变动率应基本同步增长，弹性系数应接近 1。

当弹性系数大于 1，存货周转率与销售收入变动率相差较大且二者都为负时，无问题。

当弹性系数大于 1，存货周转率与销售收入变动率相差较大且二者都为正时，可能存在企业少报或瞒报收入问题。

当弹性系数小于1，存货周转率与销售收入变动率都为负或存货周转率为正、销售收入变动率为负时，同样可能存在上述问题。

当弹性系数小于1，存货周转率与销售收入变动率都为正或存货周转率为负、销售收入变动率为正时，无问题。

因此，企业要重点关注实际弹性系数的数值，以此了解存货周转率与销售收入变动率弹性系数是否出现异常，进而采取相应的应对的措施。

第5章

人力资源管理的风险与控制

人力资源在企业发展中有着重要的作用，某种程度上说，未来企业之间的竞争将主要表现为人力资源的竞争。随着企业对人力资源的依赖逐渐增加，人力资源管理的风险也将逐渐增加。所以，企业一定要重视人力资源管理的风险问题，并采取有效的措施予以控制。

CHAPTER 5

5.1　人力资源管理风险

人力资源管理风险是每一个企业都存在的，也是企业发展过程中必须深入思考并加以解决的重要问题。

5.1.1　新时代的人力资源管理趋势

新时代下，在快速发展的社会经济背景下，我国的人力资源管理也呈现出了新的变化。

一方面，随着经济的快速发展，新业态、新商业模式不断涌现，企业也呈现出新的态势；另一方面，大数据、云计算、区块链等各类技术创新也层出不穷，各种新商务模式成为时尚。此外，互联网也深刻影响了人们生活工作的方式，线上交流变成一种新的联系方式。这些新变化也带动了人力资源管理的变化，产生了新的趋势。

具体来说，新时代的人力资源管理趋势有以下几点。如图5-1所示。

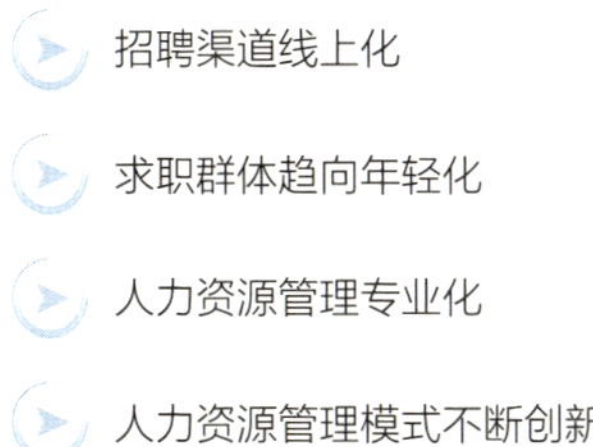

图 5-1　人力资源管理的趋势

（1）招聘渠道线上化

在新时代下，随着互联网的普及和应用，越来越多的求职者不再拘泥于线下、推荐、电视、广告等招聘方式，而更多地转向于线上求职平台投递简历。招聘渠道的变化一方面给了求职者更广泛的选择机会，另一方面也有效地解决了传统人才招聘的地域限制，给双方都提供了便利。

虽然网络招聘具有明显的优点，但是缺点也相应存在，主要表现在网络求职者良莠不齐，且部分求职者提供虚假信息，无形间增加了招聘者的工作量和工作强度，提升了企业人员甄选的难度。这种情况下，如果招聘到不合适的人才，后期就会加大人力资源管理的风险。

（2）求职群体趋向年轻化

90后、00后在新时代成为求职人才的主要力量，他们的思想更新潮、自由、追求个性化，且对工作环境和氛围有着更高的要求。如果管理者没有转变管理理念，仍然使用老观念与新生代的员工相处，势必会产生问题，出现人力资源管理风险。比如新生代的员工频繁离职、与管理者发生冲突等，这些情况都有可能造成人力资源管理风险。

（3）人力资源管理专业化

随着企业不断发展和管理者管理意识越来越规范化，新时代下的人力资源管理并不仅是局限于招聘和员工管理，而是变得更加专业化。人力资源管理是集招聘、培训、薪酬等于一体的管理。这也意味着要想充分发挥人力资源管理的价值，为企业培育更多的高价值人才，就要从专业的角度出发，引进专业的人力资源管理人才，开展专业的人力资源管理工作。

（4）人力资源管理模式不断创新

人力资源管理模式大体可分为东方管理模式和西方管理模式。其中东方管理模式的关注重点通常是招聘、培训等，西方管理模式的关注重点则是薪资报酬和人员流动等。但是随着时代的发展和企业管理模式的变化，人力资源管理模式也需要不断创新、发展。换句话说，如果管理者还沿袭过去的人力资源管理模式，必然也会给人力资源管理带来一些风险。

总之，新时代的人力资管理呈现出招聘渠道线上化、求职群体趋向年轻化、人力资源管理专业化、人力资源管理模式不断创新等趋势。新趋势的到来也会给人力资源管理带来新的风险。这就要求企业一方面要快速适应新趋势，另一方面也要积极面对人力资源管理的新挑战。

5.1.2　人力资源管理的关键风险

人力资源管理，通常包括聘用、培训、评价、考核、晋升、奖惩等内容，旨在通过管理招聘、甄选、培训、报酬等环节，使得企业人尽其才，事得其人，人事相宜，以实现组织目标。企业在做人力资源管理时，也会时常受到风险的侵袭。例如在招聘求职者的过程中，相关人员为严格执行相关制度流程而给企业招聘了一个并不合格的工作人员，从而增加了企业的成本，并造成了一定的负面影响，这对企业也是损失。我们从人力资源管理的招聘、甄选、培训和报酬 4 个关键环节分析人力资源管理的关键风险。

（1）招聘环节上的关键风险

招聘环节可能会出现的风险主要有以下几点。如图 5-2 所示。

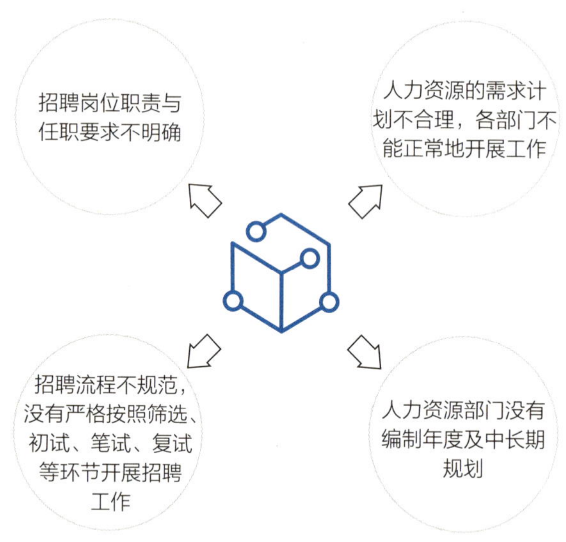

图 5-2　招聘环节上的关键风险

一是招聘岗位职责与任职要求不明确。招聘负责人不能非常清晰明确地将招聘岗位职责和任职要求展示出来，或者招聘岗位职责和任职要求不对应。例如企业需要招聘一名平面设计师，该岗位职责包括负责企业对外日常工作宣传及广告、产品、活动海报的平面设计，但是该企业并没有在招聘信息上注明美术、平面设计相关专业的任职资格，导致最后招聘而来的员工并不能充分胜任这一工作。

二是人力资源的需求计划不合理，各部门不能正常地开展工作。具体表现在盲目招聘超过岗位需求的新员工或者压缩招聘岗位需求的新员工，使得工作不能顺利展开。

三是人力资源部门没有编制年度及中长期规划。从长远角度看，人力资源部门需要根据企业实际发展及扩张需求去编制人力资源年度及中长期规划。这种招聘行为更理智、客观，也更能降低风险。但是现实往往是企业临时起意或者是员工离职出现岗位空缺而去招聘，而不是基于企业发展计划去招聘，这样必然会增加招聘风险。

四是招聘流程不规范，没有严格按照筛选、初试、笔试、复试等环节开展招聘工作。从企业角度看，不规范的招聘流程可能会导致企业难以招到合适的人才，从而影响生产经营；从招聘人员的角度看，不规范的招聘流程可能会导致对应聘人员的能力、素质等方面判断失误，增加招聘的难度，带来一定的招聘风险。

综上，如果企业在招聘环节出现以上风险，不仅会让后续招聘进来的人员数量、质量和结构不符合企业的发展要求，还会造成招聘人员不足、过剩或结构失调的现象，进而带来风险，造成损失。

（2）甄选环节上的关键风险

甄选环节可能会出现的风险有以下几点。如图 5–3 所示。

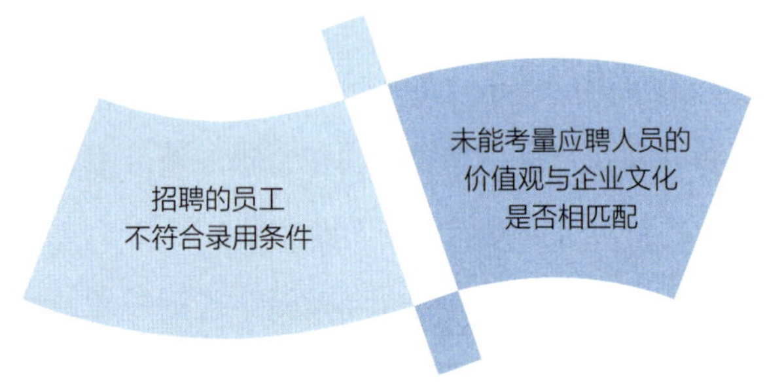

图 5–3 甄选环节上的关键风险

一是招聘的员工不符合录用条件。可能出现的原因有招聘人员无法评价应聘人员的能力，不能甄别应聘人员是否符合招聘要求；招聘人员因私利而影响企业招聘的公正性，因此被招聘者的合格性难以得到保证；应聘人员提供虚假证明等。

二是未能考量应聘人员的价值观与企业文化是否相匹配。如果应聘人员的价值观与企业文化不相匹配，那么即便应聘人员的技能和专业合适，也可能会出现入职后因为无法适应企业文化而离职的风险。例如某企业的企业文化是“严谨，务实”，但是该应聘人员却十分热衷个性化和自由化的企业文化，如果把该人员招聘到企业中就极有可能带来企业文化不匹配的风险。

如果企业在甄选环节出现以上风险，很容易就会为企业招来一个不合适的人员，为后续的人力资源管理埋下隐患。

（3）培训环节上的关键风险

培训环节可能会出现的风险有以下几点。如图 5–4 所示。

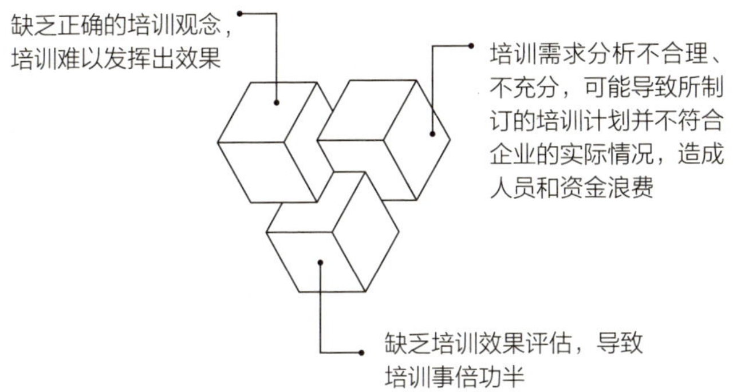

图 5–4 培训环节上的关键风险

一是缺乏正确的培训观念，培训难以发挥出效果。不少企业对培训尚未形成正确的认识。例如有的企业认为“培训会增加企业的成本”“培训可能会激起员工的负面情绪，不仅增加了人才流失的风险，甚至还为其他企业培养了竞争对手”“培训发挥出的作用并不能立即见效”等。人力资源的管理者若是缺乏正确的培训观念，那么落实在实际培训中，就会以一个敷衍的态度去做培训，并不能充分发挥出培训的价值。这一行为不仅浪费时间精力，还会影响参加培训员工的情绪，最终导致培训无效。

二是培训需求分析不合理、不充分，可能导致所制订的培训计划并不符合企业的实际情况，造成人员和资金浪费。具体来说，企业并没有开展系统的培训需求调研，也没能将培训与近期、远期目标以及员工的需求结合起来，导致“员工想学的不培训，所培训的内容对员工没有帮助”的现象。

三是缺乏培训效果评估，导致培训事倍功半。培训效果评估是培训工作改进的最佳依据，但是很多企业并不十分重视评估培训效果，常常认为培训结束之时即是任务完成之时。这一行为不仅无法了解员工对培训的掌握情况，也不能为培训工作提供参考，不断提升培训的效果。

综上，在培训环节，企业要端正培训观念，明确培训需求，并重视培训评估的工作，以降低风险。

（4）薪酬环节上的关键风险

薪酬环节可能会出现的风险有以下几点。如图 5–5 所示。

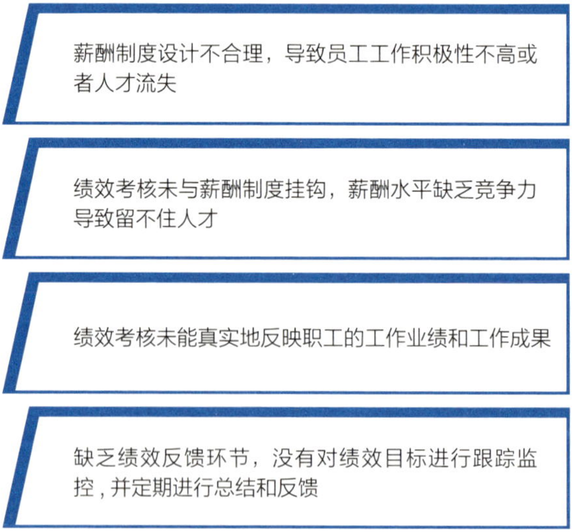

薪酬制度设计不合理，导致员工工作积极性不高或者人才流失

绩效考核未与薪酬制度挂钩，薪酬水平缺乏竞争力导致留不住人才

绩效考核未能真实地反映职工的工作业绩和工作成果

缺乏绩效反馈环节，没有对绩效目标进行跟踪监控，并定期进行总结和反馈

图 5–5 薪酬环节上的关键风险

一是薪酬制度设计不合理，导致员工工作积极性不高或者人才流失。具体表现在3个方面。首先，没有与岗位价值挂钩制定薪酬，例如岗位与岗位之间的价值差异没有与工资关联；其次，薪酬没有与员工的绩效挂钩，例如奖金设计没有考虑员工个人业绩的差异；最后，薪酬没有与员工的能力挂钩，例如同岗位高技能人才和初学者的薪酬并无太大区别。

二是绩效考核未与薪酬制度挂钩，薪酬水平缺乏竞争力导致留不住人才。例如绩效成绩好的员工并没有因此获得可观的奖金、工资增长，绩效成绩一般的员工反而和绩效成绩较好的员工拥有同等的薪资。长久下去，绩效成绩较好的员工会认为当前的薪酬缺乏吸引力，选择离职。

三是绩效考核未能真实地反映员工的工作业绩和工作成果。例如有些岗位的考核指标未能完全地反映员工的关键绩效行为，几乎所有的员工的绩效考评得分都相差无几，不但不能完全真实地反映员工的绩效成绩，还会使得考核结果跟员工的真实绩效不相匹配。

四是缺乏绩效反馈环节，没有对绩效目标进行跟踪监控，并定期进行总结和反馈。绩效反馈具有重要的价值，有效的绩效反馈可以针对员工的工作行为做出详细的分析，并提出改进建议，帮助员工提升。但是，不少企业认为绩效考核结果公布之日即结束之时，并没有绩效反馈的环节。如果缺乏绩效反馈的环节，员工很难从中得到反思和改进，很可能犯过的错误会持续犯，影响工作成绩，进而影响团队业绩和企业业绩。

总之，在薪酬设计环节，如果企业没有建立完善的绩效考核制度，形成健康的绩效考核文化，那么员工会片面地认为绩效考核就是扣工资，或者考核者为了“团队和气”而让所有员工都得高分，但是最终的结果是优秀员工得不到有效激励，需要进步的员工也意识不到自身的不足。最终绩效考核也就失去了本来的意义。

综上，要想做好人力资源管理的风险与控制，企业就要抓住招聘、甄选、培训和报酬 4 个环节上的关键风险以及风险造成的影响，进而意识到人力资源管理风险的重要性。

5.2 人力资源的风险管理策略

人力资源风险是企业最常见的风险之一，它贯穿于人力资源管理的各个环节，包括聘用环节、合同签订环节、薪酬环节、离职环节、培训环节等。鉴于人力资源风险的客观性和普遍存在的特点，企业要通过制定风险管理策略进行风险控制，以此防范风险发生，或者对已经发生的人力资源风险进行补救以减少损失。

5.2.1 构建多元化聘用模式

传统的聘用模式是企业通过各种招聘方式招聘全职人员来

企业帮助自己处理相应的工作。这种聘用模式虽然约定俗成，但是也常常伴随风险，带来更多的人力成本。例如企业需要花费招聘费用、支付职工工资、为职工购买社会保险、承担和处理职工离职成本及可能会带来的纠纷等。

随着新时代的快速发展，人们的工作模式发生了变化，越来越多的人开始追求更自由的工作时间，而传统的聘用模式却要求职工必须按照公司的规定上下班，导致职工离职的风险越来越大。此外，随着人们的法律意识增强，传统的聘用模式下出现法律纠纷的风险也越来越大。

为了规避这些风险，企业可以结合时代的特点构建多元化的聘用模式。多元化的聘用模式是指企业不局限于招聘全职职工，而是多种方式并存，包括非全日制、兼职、人事外包等多种形式的聘用模式，如图 5-6 所示。这样既能解决企业需要处理的工作，也能灵活化地降低风险和成本。

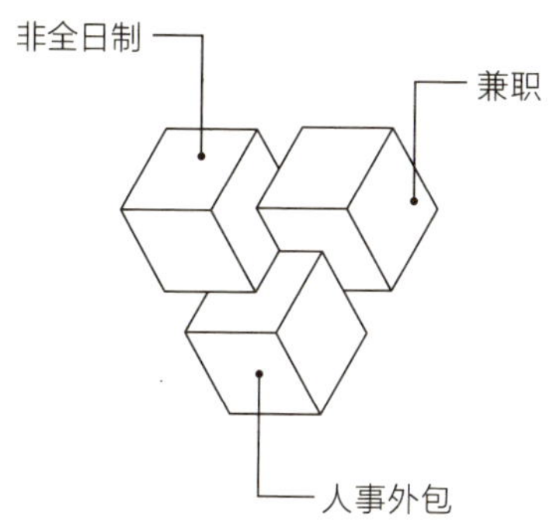

图 5-6　多元化的聘用模式

（1）非全日制

非全日制用工，是指以小时计酬为主，根据《中华人民共和国劳动合同法》（以下简称《劳动合同法》）第28条规定，每天工作不能超过4小时，每周工作不能超过24小时。非全日制最大的特点就是打破了传统的、单一的全日制用工形式和制度，让企业和劳动者双方都能自主、更灵活地选择。因为某种程度上说，非全日制用工能够满足企业追求利润最大化的要求，因此越来越多的企业采用非全日制的用工方式。

值得一提的是，即便是非全日制，也需要签订劳动合同。根据《劳动合同法》第十条，建立劳动关系，应当订立书面劳动合同。已建立劳动关系，未同时订立书面劳动合同的，应当自用工之日起一个月内订立书面劳动合同。因此只要建立用工关系，就需要签订劳动合同，不管是什么形式的用工。

（2）兼职

兼职通常是按照劳动成果来结算薪酬，或者按小时结算薪酬。与非全日制用工方式固定的每天工作时限和每周工作时限不同的是，兼职的工作时间不固定，劳动者有可能兼职3个小时，有可能兼职5个小时，法律法规对于兼职没有下定义和相关规定。

聘用兼职人员可满足企业阶段性人才需求和季节性波动需求，确保企业在用人方面得到灵活优势，避免给企业用人成本造成太大压力。具体来说，企业采取兼职的聘用模式，有以下几个优点。

一是通过聘用兼职人员，能够缓解岗位压力，有效地完成工作。尤其遇到在短期内无法招聘全职职工的情况下，聘用兼职职工可以解燃眉之急。

二是从用人风险和成本角度考虑，聘用兼职人员可有效规避企业用人风险和成本太高的压力问题。

三是聘用兼职人员，用工灵活，可满足阶段性人才需求和季节性波动需求，还能降低企业的税负压力。

四是优秀的兼职人员可作为企业未来的人力储备，降低一定的招聘成本。

所以，企业可结合发展需要和实际情况，招聘一些兼职人员，不仅能够加快工作完成的速度，也能降低企业的用工成本。

（3）人事外包

人事外包是指由第三方连续向企业提供人力资源管理服务，并根据合约按预定的服务收取一定的服务费用。对企业来说，采取人事外包有多个优点。

一是降低纳税成本。依照《中华人民共和国税法》规定，企业支付给职工的工资超出应纳税工资额部分需缴纳企业所得税，这对于企业来说是一笔很大的支出。但是若采取人力外包的方式，那么原本需要支付给企业职工的工资和福利则由人力资源公司转发，并且出具的发票可以作为服务费，直接计入生产成本，进而降低企业的成本。

二是降低管理成本。若是采取人事外包的方式，那么企业就不需要增加专门的人力资源管理人员，无形间节约了管理成本。另外，这种聘用形式也会有效地减少常规性人力资源管理费用的支出，包括人事招募广告、离职补偿金、退休资遣费等。

三是降低下岗职工的安置成本。企业通过人事外包的特别方式，企业无需对第三方企业的员工负责，无形间实现了“换岗不下岗”，同时也大大降低了下岗职工的安置成本。

除此之外，人事外包可以简化工作流程，提高工作效率，还能更好地规避相关政策法规的风险。很大程度上说，企业采取人事外包方式可直接或间接地使企业效益最大化。

企业在采取人事外包方式时要注意以下几点，如图 5-7 所示。

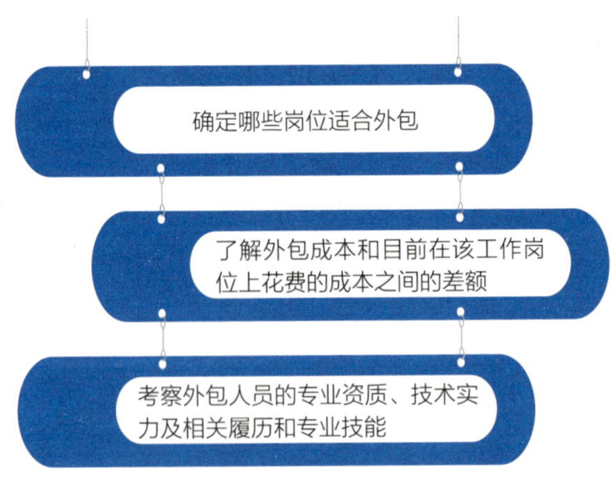

图 5-7　采取人力资源外包的注意事项

一是确定哪些岗位适合外包。管理者并不能随意决定哪些工作岗位适合外包，哪些工作岗位不适合外包，而是要在对企业的实际情况研究的基础上来确定外包的范围。一般情况下，尚未开发但急于开发的岗位或者现有人手不足的岗位、与核心业务关联不大的岗位适合外包。例如，企业临时需要一个平面设计师，但是企业内部并无此岗位，那么这部分工作就适合外包出去。既能完成工作，又能降低招聘一个新职工而带来的高昂成本。

二是了解外包成本和目前在该工作岗位上花费的成本之间的差额。通常情况下，企业采取人事外包的目的是尽可能地降低成本，追求利润。但是也有可能发生一种现象——企业采取外包的方式所花费的成本反而比目前在该工作岗位上花费的成本还要高，这种情况就有些得不偿失。因此，企业在采取人事外包前，要先了解外包成本和目前在该工作岗位上花费的成本之间的差额，在此基础上判断该岗位是否适合采取外包的方式。

三是考察外包人员的专业资质、技术实力及相关履历和专业技能。不少企业忽视考察外包人员的专业资质和专业技能，导致工作虽然完成了，但是效果并不好。这种情况也会给企业带来损失。因此，企业要注意考察外包人员的专业资质、技术实力及相关履历和专业技能等。

总之，企业可以采取非全日制、兼职和人事外包等方式构建多元化的聘用模式，一方面可以将一部分风险转移出去，另一方面也能降低企业运营和管理成本，提升效益。

5.2.2 劳动合同签订与变更风险管控

劳动合同是指劳动者与用人单位之间确立劳动关系，明确双方权利和义务的协议。通常新职工入职时，企业会与其签订劳动合同。在劳动合同履行期间，双方也会因为现实的需要发生变更劳动合同的行为。

劳动合同的签订与变更也会带来一定的风险，因此企业需要做好风险管控工作。

（1）劳动合同签订风险管控

劳动合同是由用人单位和劳动者通过协商一致确立劳动关系、明确双方权利和义务的协议。劳动合同通常是用人单位和劳动者各执一份，并且用人单位最好留有劳动者的签收证据。

在劳动合同签订环节经常伴随的风险有以下几点。

一是劳动合同主体风险。法律规定劳动主体的最低年龄为16岁，低于最低年龄的用工则涉嫌非法用工，企业就需要承担非法用工的行政责任。

二是入职时间风险。根据《劳动合同法》第十条规定“劳动关系自用工之日起建立”。基于此，企业在入职时间的风险管控方面需要注意以下两点。

①入职时间证据的保留。职工入职时间应以入职登记表核定为准并且一般由用工单位负担举证责任。

②区分入职时间与劳动合同订立时间。

根据《中华人民共和国劳动合同法》(以下简称《劳动合同法》)第七条规定“用人单位自用工之日起即与劳动者建立劳动关系”，第十四条第三款规定“用人单位自用工之日起满一年不与劳动者订立书面劳动合同的，视为用人单位与劳动者已订立无固定期限劳动合同。”以及第八十二条规定“用人单位自用工之日起超过一个月不满一年未与劳动者订立书面劳动合同的，应当向劳动者每月支付二倍的工资。”

可以看出，如果劳动合同订立时间早于入职时间，那么双方适用合同法调整。如果晚于入职时间，且满一个月未订立书面劳动合同，那么企业将面临两倍工资的罚则。

三是劳动合同期限风险。一般来说，劳动合同期限有固定期限、无固定期限和以完成一定的工作为期限 3 种形式。如果在实际的企业经营中，管理者若是对劳动合同期限不加以区分，结果就是导致用工成本无端增加。针对这种情况，企业要对劳动合同期限采用分类约定。一般来说，普通职工适合采用固定期限，具体期限的长短可按照工作岗位的需要确定；项目类职工适合按照完成一定工作任务为期限，并明确约定工作任务完成的标准；而技术型或者管理型职工适合采用无固定期限，从而增强职工的忠诚度和企业对核心人才的吸引力。

四是试用期约定风险。试用期约定风险主要表现在两个方面。

①试用期的期限。

《劳动合同法》第十九条规定了试用期的最长期限，“劳动合同期限三个月以上不满一年的，试用期不得超过一个月；劳动合同期限一年以上不满三年的，试用期不得超过二个月；三年以上固定期限和无固定期限的劳动合同，试用期不得超过六个月”。

可以看出，如果用人单位违反试用期最长期限，超期试用则需要面临处罚。

②试用期的约定次数。

《劳动合同法》第十九条第二款“同一用人单位与同一劳动者只能约定一次试用期”，关于这一点，企业一定要重点关注。

基于以上几点，企业在劳动合同签订环节，一定要严格按照《劳动合同法》规定的形式、期限与职工订立劳动合同。

（2）劳动合同变更风险管控

劳动合同的变更是指劳动合同依法订立后，由于发生新的变化，双方当事人经过协商对劳动合同部分条款进行修改、补充，其中劳动合同的未变更部分继续有效。一般当劳动合同签订时约定的内容发生了改变，都需要变更劳动合同。《劳动合同法》第三十五条规定“用人单位与劳动者协商一致，可以变更劳动合同约定的内容。变更劳动合同，应当采用书面形式。变更后的劳动合同文本由用人单位和劳动者各执一份。”

因此，劳动合同的变更必须具备以下三个条件：

一是经双方协商一致；

二是采用书面形式；

三是变更后的劳动合同文本双方各执一份。

一般来说，企业的劳动合同变更事由主要有调岗、调薪等。虽然企业与职工协商一致后便可对职工进行调岗、调薪，但双方并不总是达成一致。在这种情况下，双方就需要借助法律规定，证明本次调岗、调薪具有合理性。

《劳动合同法》规定了其他可以对职工进行调岗、调薪的情况：第四十条第一款“劳动者患病或者非因工负伤，在规定的医疗期满后不能从事原工作，也不能从事由用人单位另行安排的工作的”；第四十条第二款“劳动者不能胜任工作，经过培训或者调整工作岗位，仍不能胜任工作的”；第四十条第三款“劳动合同订立时所依据的客观情况发生重大变化，致使劳动合同无法履行，经用人单位与劳动者协商，未能就变更劳动合同内容达成协议的”。

总之，劳动合同签订与变更风险的存在也要求管理者要深入学习《劳动合同法》，一方面要严格遵守法律，另一方面也要在遇到纠纷时学会用法律解决问题。

5.2.3　精确筹划人力成本

人力成本是指因聘用劳动者而支付的所有直接费用与间接费用的总和。

人力成本通常分为直接人力成本和间接成本。其中直接人力成本包括工资总额、社会保险费用、福利费用、教育经费、劳动保护费用、住房费用、工会经费和其他人工成本支出等；间接成本包括培训期间的成本损失、职业发展辅导人员的时间投入、空职损失等。如图 5-8 所示。

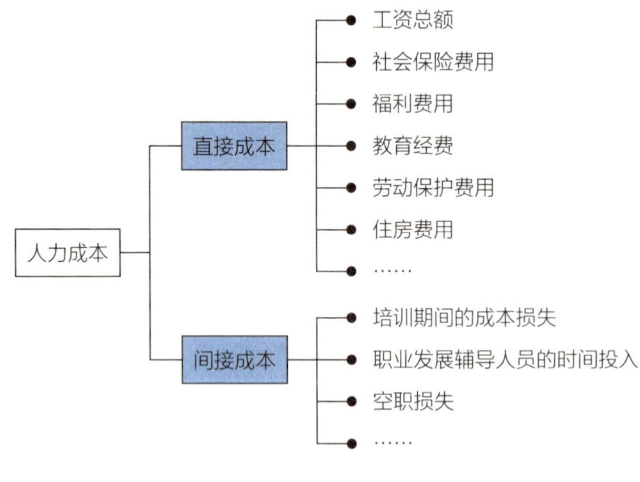

图 5-8　人力成本结构

人力成本也是企业需要重点管控的人力资源风险之一。人力成本若是管控得当，既能促进人力资源开发，又能提高企业的经济效益。具体来说，要想做到精确筹划人力成本，管理者要做到以下几点。

（1）分析人力成本总额预算

要做好人力成本的控制，管理者首先要分析人力成本总额预算。具体来说，在薪资方面，管理者要根据当年各个部门人员的编制情况、人员晋升情况、调薪情况进行预算；在福利方面，企业要根据公司以往的福利安排及计划新增的福利等进行预算；在奖金方面，企业要根据年终奖、加班、业绩提成（则需要当年计划完成的销售目标及对应的提成比例）进行预算。

（2）分析当前的人力成本比例构成是否合理

人力成本预算数据反馈不仅仅只是反馈简单的数据分析，更要反馈数据后面的问题，比如哪些费用可以省掉，哪些费用必须要花，职工工资在同行业中属于什么水平，哪些岗位的工资偏高或偏低，核心岗位的工资要如何定，人力成本比例构成是否合理等问题。尤其是人力成本比例构成是否合理，决定了企业的人力成本支出是否最大化地被利用起来。具体来说，管理者要从以下 3 点对人力成本比例构成进行分析。

一是从结构分布占比角度分析。管理者主要分析各部门成本占比、薪资结构分布占比、奖金福利等占比是否合理。

二是从薪酬公平、合理角度分析。管理者主要分析各岗位工资的设计是否合理，尤其是针对核心岗位工资设定的是否合理，与外部环境对比是否具备竞争力等。

三是从人力成本控制角度分析。管理者一方面可以请财务部门的职工将每季度的人力成本支付的具体内容整理出来，另一方面管理者也要思考如何将人力资源成本最小化。例如哪些岗位可以采取合并制，哪些工作可以采用兼职或者外包的形式完成。除此之外，管理者还要思考在福利等方面的支出如何才更加合理等。

分析结束之后，最好以图文的方式呈现分析报告，这样既有数据支撑又重点突出，结果更清晰明了。

（3）做好人力成本预算的执行及日常控制

没有数字衡量谈不上精确筹划。人力成本控制计划中要有明确的数字清单。管理者要将人力成本预算分配到每个月，并按部门分解人力总额预算，进而更好地让成本预算物尽其用，发挥价值。

在预算执行中，管理者要做好监控工作。一方面要监控工资分配制度是否具有激励及时性，另一方面也要监控预算，防止出现预算前松后紧或突破总额的情况。此外，管理者和相关工作人员也要对每个季度实际产生的费用做分析总结，以便查看问题，解决问题。

（4）建立合理科学的人力成本预算管理模式

为了更加合理地筹划人力成本，企业还要建立合理、科学的人力成本预算管理模式，更加合理地安排人力成本费用的使用情况，即在遵循企业战略目标和人力资源战略规划目标的指导下，依据企业的实际情况设定合理科学的人力成本预算规定，以便执行。

精确筹划人力成本是一项系统的工作。管理者既要考虑各方面的人力成本情况，又要在不影响企业正常经营的情况下，最大化地降低人力支出。如果企业的人力成本得到有效控制，也会释放掉企业经营的一部分压力，进而提升企业效益。

5.2.4　优化薪酬结构，降低工资总额

随着人力成本的上涨，工资总额已经成为企业经营过程中一笔较大的现金支出。工资总额是指企业在一定时期内支付给所有职工的劳动报酬总额。如果企业的工资总额过高或者增加异常，同时在管理者不注意防控的前提下，很可能会给企业带来现金流断裂的风险。因此，企业一定要做好工资总额管控，尽可能降低工资总额。

当然，降低工资总额并不是意味着企业可以随意降低工资总额的数值，而是要通过优化薪酬结构的方式，来降低工资总额过高带来的风险。薪酬结构通常指企业固定薪酬和浮动薪酬所占的比例。

一般来说，薪酬中的固定薪酬（主要指基本工资）可以保障职工的日常生活，满足职工的基本需要，使其产生安全感。

但是，如果固定薪酬过高，也有可能会让职工不思进取，产生懒惰情绪。同样，如果浮动薪酬较低，也不能激发员工的工作积极性和创造性。

因此，要想让薪酬具有激励性，企业必须合理地设计薪酬结构，进行有效的人工成本预算，做好企业工资总额的预算和管控。

（1）不同层级职工的薪酬结构优化策略

在企业中，不同层级职工的薪酬结构往往不同，因此企业在优化薪酬结构时要针对不同层级职工采取不同的策略。

一是基层职工的薪酬结构优化策略。薪酬对基层职工的激励性主要体现在满足基本生活需要，保障他们拥有较高的安全感。因此，基层职工的薪酬结构优化建议采取“固定薪酬＋浮动薪酬＋短期薪酬（短期薪酬是指企业在职工提供相关服务的年度报告期间结束后 12 个月内需要全部予以支付的职工薪酬，因解除与职工的劳动关系给予的补偿除外）”的模式。其中，固定薪酬的比例一般比较高，浮动薪酬的比例相对较低，短期薪酬的比例相对较高。

二是中级管理人员的薪酬结构优化策略。薪酬对中级管理人员的激励性除了满足基本生活需要之外，还需要满足他们更高的需求。因此，中级管理人员的薪酬结构优化建议采取“固定薪酬＋浮动薪酬＋短期薪酬＋长期激励薪酬（长期激励薪酬又称长期激励计划，主要是指根据超过一年的绩效周期来评定职工业绩并据此对职工进行激励的计划）”的模式。其中，固定薪酬比例相对较低，浮动薪酬比例相对提高，短期薪酬的比例虽然相较于基层职工有所下降，但仍然是薪酬中的主要组成部分。

三是高级管理人员的薪酬结构优化策略。与中级管理人员相似，薪酬对高级管理人员的激励性除了满足基本生活需要之外，也要满足他们更高的需求。但是，与中级管理人员不同的是，高级管理人员由于其工作成果对企业有着较大的影响且身份重要，在其总收入中，浮动薪酬所占比重应相应提高。

因此，高级管理人员的薪酬结构优化建议采取“固定薪酬＋浮动薪酬＋短期薪酬＋长期激励薪酬”的模式。其中，固定薪酬比例应该最低，短期薪酬的比例要进一步下降，甚至可能会低于长期薪酬所占的比例，而长期激励薪酬和浮动薪酬比例有所上升。

（2）不同岗位的薪酬结构优化策略

通常来说，不同岗位所创造的价值不同，因此企业在优化薪酬结构时，也可以根据岗位价值进行薪酬结构优化。

一般来说，对企业利润的最终业绩、销售额的最终业绩或者对战略目标实现影响大的岗位，如销售岗位，其浮动薪酬所占的比例较大；与业务不直接相关的岗位，如管理岗位，其浮动薪酬所占的比例相对较小。除了从以上角度去优化薪酬结构外，企业还可以从岗位需要付出的努力程度、责任范围、任职资格等要素的角度去制定，结合公司的发展战略，确定各个要素的权重，然后对企业内各岗位进行统一的评价之后，再建立具有吸引力的薪酬结构。

（3）进行有效的人工成本费用预算

人工成本费用预算也是企业优化薪酬结构重要的参考依据，通常根据企业的战略规划对企业下一年度职工岗位情况进行汇总，然后根据不同岗位的性质确定薪酬标准。具体来说，企业年度人工成本预算表包含以下内容。如表 5-1 所示。

表 5-1 企业年度人工成本预算表

项目	金额
一、年度薪酬总额预算	
年度税前工资总额预算	
年度补贴总额预算	
年度奖金总额预算	
二、年度福利总额预算	
年度食宿费用总额预算	
年度交通费用总额预算	
年度保险总额预算	
年度公积金总额预算	
年度其他福利费用	
三、年度其他费用总额预算	
年度培训费总额预算	
年度招聘费总额预算	
年度其他人事费总额预算	
年度人工成本总额	

管理者可根据企业年度人工成本预算表中的各项预算计算出年度人工成本总额，并且根据这一数值规划下一年的人工成本总额。如果这一数值过高，管理者就要分析是哪一部分预算不合理，并在合理的范围内进行缩减。

总之，企业可通过以上 3 个方法优化薪酬结构，达到降低工资总额的目的，进而降低企业的人力资源管理风险。

5.2.5 社会保险合规风险管控

社会保险是一种补偿性的社会和经济制度，旨在为丧失劳动能力、暂时失去劳动岗位或因健康原因造成损失的人口提供经济支持。通常，社会保险的主要项目包括养老保险、医疗保险、失业保险、工伤保险。

根据《中华人民共和国劳动法》第七十二条的规定："社会保险基金按照保险类型确定资金来源，逐步实行社会统筹。用人单位和劳动者必须依法参加社会保险，缴纳社会保险费。"就算职工自愿放弃社保，企业也需要面临一定的法律风险。

企业在缴纳社会保险方面可能会面临以下几种风险。如图 5–9 所示。

图 5-9　企业在缴纳社会保险方面可能会面临的风险

（1）虚抵发票

有的企业为了降低社保基数，账面上只给职工发放部分工资，剩余的部分则让职工通过各种费用发票来报销。但是，金三系统（一个整合征管信息系统）严密监控着发票业务的真实性，所以企业想长期通过此种方式避税显然是不可能的。一旦被税务局发现费用的异常变动，企业将会面临严重的涉税风险和处罚。

（2）增加福利支出

有的企业表面上降低职工的工资，实则通过发放生活困难补助等方式增加职工福利方面的支出。其实这种方式的作用十分有限，因为只有符合规定的临时性生活困难补助，才可以在计算社会保险费缴费基数时予以剔除。另外一个企业不可能职工集体都有困难，都需要发放这种临时补助，所以企业以这种方式降低社会保险缴费基数也容易面临风险。

（3）降低月工资，提高年终奖

有的企业在保证职工年收入不变的前提下，以降低职工月工资、增加职工年终奖的方式，减少需要缴纳的社保。但是，这种方案是行不通的，因为社保是按照上一年度所有工资收入（包括奖金都计算在内）核定基数，并不是根据职工的月工资而定。

（4）“非全日制”代替“全日制”

有的企业为了规避社保，聘用“非全日制”职工来代替“全日制”职工，但企业仍有为“非全日制”职工缴纳工伤保险费的义务。聘用“非全日制”职工时，企业要注意其工作时间、薪资结算等方面的诸多规定，否则一不小心“非全日制”变成了“全日制”，企业可能要面临补缴社保和罚款。

社会保险合规是企业的一项社会责任。企业如果不能依法缴纳社保就有可能成为失信企业，成为重点监督对象，并在很多方面都会受到限制或禁止。所以，企业如果不能做好社会保险风险管控，可能会因小失大，将自己置于危险境地。

5.2.6 员工离职风险管控

员工离职风险具体表现为以下几点。

一是员工离职与企业干戈相见，甚至因矛盾冲突而诉诸法律。例如员工与企业矛盾积怨已久，在离职时采取法律手段维护自身的利益，企业将面临被诉讼的风险。

二是员工离职会增加企业的管理成本、再招聘新员工产生的成本等。当员工离职时，岗位会出现空缺，为填补岗位空缺企业需要再招聘新的员工，由此就会产生一系列的用工成本，增加企业的成本负担。

三是关键技术或商业秘密泄露。尤其是企业中掌握关键技术的员工跳槽，不仅会带走关键技术，还会带来潜在的商业秘密泄露的风险，给本企业带来打击。

四是客户流失。尤其是企业的销售岗位，常常掌握着大量的客户信息，这类员工离职会带走一批或大部分客户，甚至将客户分享给竞争对手企业，给原企业带来打击。

因此，企业一定要做好员工离职风险管控，具体要做好以下几点。

（1）管控因员工离职而引起其他职工内心动摇的风险

管理者要就员工离职事件与在职员工进行积极的沟通，坦诚地向在职员工说明离职员工的离职缘由，并鼓励在职员工努力工作，让他们对企业的未来发展和自己的职业前景充满信心。此外，管理者还要做好员工职业生涯的规划与开发，提供必要的正式培训，帮助员工提升技能，积极地培养员工，让他们看到一个可期的未来。

（2）管控员工离职与企业干戈相见甚至因矛盾冲突而诉诸法律的风险

管理者要坦诚地与离职员工展开面谈，并对离职员工的负面情绪表示包容和理解，满足离职员工的合法权益，切不可激化矛盾。当然，如果遇到极端情况，企业也可以通过法律渠道解决问题，保障自己的权益。

（3）管控岗位出现空缺的风险

在管控岗位出现空缺的风险方面，企业重点要做好人力资源规划工作。尤其是关键岗位要有“培养有潜力的接班人”的意识，并实施干部储备制度，以防不时之需。此外，管理者在平时的工作中就要产生“忧患意识”，即如果此岗位的员工离职，他的工作是否有人可以接替。如果企业当前没有符合人选的员工，管理者一方面要意识到这类员工存在的重要性，另一方面也要培养符合要求的潜质员工，包括带领他们参加重要的交际场合等，让他们承担一些重要的工作，并培养他们的独立工作能力，这样可以保证关键岗位后继有人。

（4）管控关键技术或商业秘密泄露的风险

为了降低过度依赖某一个或少数几个技术人员或重要员工的风险性，管理者在实际允许的情况下要建立研发与技术团队。同时，企业要和掌握关键技术、商业秘密的人才签订保密协议，约束其在职期间及离职后的行为，使其不敢贸然损害公司利益。

一旦企业中掌握关键技术或商业机密的关键人才违反了以上约定，企业可以通过法律的手段降低此类风险。

（5）管控客户流失的风险

要想降低因员工离职而造成的客户流失的风险，企业一方面可以通过建立客户信息数据库来管理客户关系，使得客户为公司所有；另一方面企业可以实施品牌战略，即让客户因为信任你的品牌而选择你，而非全是销售员的个人原因。

总之，员工离职风险管控是人力资源风险管理的重要一环，企业除了采取以上 5 个方法管控员工离职风险外，还可以根据企业和离职员工的实际情况采取不同的管控措施，以最大化地降低由员工离职所带来的风险。

5.2.7 问题员工处理风险管控

某种程度上，一个企业无论其规模如何，可能都会有一些“问题员工”。问题员工是指存在各种各样的缺点和局限的员工，他们的存在会对企业造成或小或大的负面影响。一般来说，他们具体有以下几种类型。如表 5–2 所示。

表 5–2 六大类型的问题员工及其表现和风险

问题员工类型	表现	风险
消极怠工、不思进取型	不认真工作，做一天和尚撞一天钟。他们即便有能力完成工作，也没有寻求突破和发展的工作意愿	既影响团队的士气，又影响企业工作的开展，降低企业整体的工作效率
推卸责任、不诚实型	当工作出现问题时，他们会找各种借口或者编造各种理由逃脱责任	破坏团队的亲和氛围

续表

问题员工类型	表现	风险
莽撞冲动、不顾后果型	随意妄为，不会克制自己冲动的脾气，常发泄个人情绪而不顾团队利益，制造事端	给企业带来麻烦，甚至会引起法律问题
工作业绩极差、影响团队效率型	业绩十分不理想，拖团队后腿	影响企业的发展
无法与同事合作、性格强势型	脾气倔强，不能与同事友好、心平气和地沟通和交流	影响工作的开展，破坏团队气氛，甚至会激起其他同事离职
认为业绩突出、目空一切型	凭借突出的业绩，不把上司和企业的规章制度放在眼里	容易形成不良的工作氛围

程度严重的“问题员工”往往是企业的害群之马，不仅会浪费企业大量的管理成本，还会给企业带来破坏性的影响，比如频繁让企业内部产生矛盾，消解凝聚力等。因此，企业一定要做好“问题员工”的管理，做好他们可能带来的风险管控。

（1）消极怠工、不思进取型员工的问题处理

首先，管理者要通过坦诚的沟通了解该类型员工行为背后的真实原因，比如薪酬不具备竞争力、对企业或管理者的某些行为心存不满等。

其次，管理者要正确地引导员工，为他们提供成长、成功的机会，激发他们的积极情绪，帮助他们树立成功的信心，让他们充分享受成功带来的欢乐。

必要的时候，管理者可通过降薪、离职等手段激起该类型员工的重视。

（2）推卸责任、不诚实型员工的问题处理

首先，管理者要明确该类型员工推卸责任、不诚实的背后真正原因是什么，比如员工因害怕受到严厉的惩罚而不敢承担责任，出现不诚实的行为。

其次，管理者要明确告知员工的工作职责以及他要解决的具体问题，并要求他必须采取行动措施并在限期内完成。

最后，管理者可以在必要的时候为员工解决问题提供适当的支持，帮助员工承担责任、解决问题，并在事后公开进行表扬，让员工感受到承担责任带来的快乐，进而激发员工的责任心。

（3）莽撞冲动、不顾后果型员工的问题处理

首先，管理者要肯定该类型员工积极的一面，从知识、技术、能力、心态等多方面进行综合、合理的比较，坦诚地分析他们的优点及缺点，让他们客观地认识到自己的工作行为和工作结果。

其次，管理者要引导该类型的员工做好情绪管理。具体来说，管理者首先要让他们意识到合格的员工不应该将情绪带入到工作中；接着，管理者要让他们深刻地意识到莽撞冲动和不顾后果会造成哪些严重的影响，例如被迫与合作方中断合作等；

最后，管理者要使用价值改变法引导员工改变情绪。

价值改变法

信念——认为世上的事情应该是这样的。

价值观——认为在事件中什么是最重要的，最想得到的是什么。

规条——认为事情该怎样做。

例如莽撞冲动、不顾后果型员工的信念——不符合我想法的人或事，我就是要生气、不顾后果地发泄出来。管理者可引导该员工发生信念改变——即便对方或事情不符合我的想法，我也不能不顾后果地发脾气，也要站在对方的角度或者中立的角度思考问题。

莽撞冲动、不顾后果型员工的信念价值观——在事件中我的脾气和感受最重要，最想要得到对方的妥协。管理者可引导该员工发生价值观改变——工作和团队的利益才是最重要，最想要得到团队利益。

莽撞冲动、不顾后果型员工的信念价值观的规条——事情应该随着自己当下的脾气这样做。管理者引导该员工发生规条改变——事情应该朝着更友好、更利于解决问题的方向转变。

有条件的企业可定期展开员工情绪管理的培训，通过专业的培训方式和引导让莽撞冲动、不顾后果型的员工更能做好情绪管理。

（4）工作业绩极差、影响团队效率型员工的问题处理

首先，管理者要让这类员工意识到问题的严重性，并让他们认识到自身的责任。

其次，管理者要和他们一起分析工作业绩差的原因，是工作方法不对还是工作缺乏责任心，是工作难度太大还是工作心态出现问题，等等。然后，管理者要与员工一起寻找问题的解决办法，帮助他们建立改变的信心。

（5）无法与同事合作、性格强势型员工的问题处理

首先，管理者要对该类型员工的情绪表示理解，例如“我知道你最近因为和 ×× 合作时出现沟通不畅的情况，我也理解为此你感到比较焦虑……”等。管理者的理解有助于性格强势的员工卸下心理戒备，坦诚沟通。

其次，管理者要让他们意识到与同事合作属于工作行为，同时让他们知道团队协作的必要性，并要求他们承担起工作责任，对团队和企业负责。

最后，管理者可根据员工的性格特点安排合作人员，尽量减少矛盾和冲突。例如将性格强势的员工与性格包容的员工安排在一起合作完成工作。

（6）认为业绩突出、目空一切型员工的问题处理

首先，管理者要柔性地“杀”掉他们的锐气和可炫耀的“资本”，肯定他们成绩同时给予更高的目标压力或树立新的内部竞争对手，让他们知道“山外有山，人外有人”。

其次，管理者要让此类型的员工意识到功劳的来源，功劳来源于企业的培养和企业提供的舞台，让他们意识到这些业绩并不完全出于个人能力。

最后，管理者也要适度地肯定该类型员工在工作上的业绩和表现。如果过度刺激，很容易让业绩突出、目空一切的员工自尊心严重受挫，做出离职的行为。这对企业来说有些得不偿失。

总的来说，管理者对不同类型的“问题员工”要采取不同的处理方式，进而达到风险管控的目的。值得一提的是，管理者在实际管控的过程中，要学会因人而异，因事而异，灵活变动。

5.2.8 规模性裁员的合规管理

规模性裁员通常是指企业某时期内集中辞退职工的行为。根据《劳动合同法》第四十一条规定的法定规模裁员情形是指企业一次性裁减人员 20 人以上或裁减不足 20 人但占企业职工总数的 10% 以上的行为。

一般规模性裁员也会给企业带来不可忽视的风险，容易引起很多纠纷，比如劳务纠纷、法律纠纷等，因此做好规模性裁员的合规管理非常重要。具体来说，管理者可以按照以下步骤做好规模性裁员工作。如图 5-10 所示。

图 5-10　规模性裁员的 8 个步骤

（1）确认是否符合法定规模裁员情形

根据《劳动合同法》第四十一条规定的法定裁员情形，有下列情形之一的可以实施规模裁员。

一是企业依照《企业破产法》规定进行重整。

二是企业的生产经营发生严重困难。

三是企业存在转产、重大技术革新或者经营方式调整情形，已经与职工依法变更了劳动合同，但仍然需要裁减人员。

四是企业与职工在订立劳动合同时所依据的客观经济情况发生了重大变化，致使劳动合同已经无法履行。

（2）拟定裁员方案

规模性裁员无论是对于企业还是职工来说，都会引起极大的震动。所以，企业在做规模性裁员时，一定要提前拟定裁员方案，既让裁员工作有的放矢地进行，又要尽可能降低规模性裁员带来的风险。

企业裁员方案一般要包含以下几点内容。

一是明确裁员相关的事项。企业裁员方案中要明确裁员依据的法定情形、裁员岗位、裁员数量和比例、裁员标准和名单、实施时间和实施步骤、补偿方式等事项。

二是确定不得裁减和应当优先留用的人员。

按照《劳动合同法》等法律法规和相关政策规定，企业不得裁减以下人员。

① 从事接触职业病危害作业的劳动者未进行离岗前职业健康检查，或者疑似职业病病人在诊断或者医学观察期间的人员。

② 在本单位患职业病或者因工负伤并被确认丧失或者部分丧失劳动能力的人员。

③ 患病或者非因工负伤，在规定的医疗期内的人员。

④ 在孕期、产期、哺乳期的女职工。

⑤ 在本单位连续工作满 15 年，且距法定退休年龄不足 5 年的人员。

⑥ 依法实行隔离治疗或者医学观察的新冠肺炎患者、病原携带者、疑似病人、密切接触者及因政府实施隔离措施或采取其他紧急措施导致不能提供正常劳动的人员。

⑦ 法律、行政法规规定的其他情形。

企业应当优先留用下列人员。

①与本单位订立较长期限的固定期限劳动合同的人员。

②与本单位订立无固定期限劳动合同的人员。

③家庭无其他就业人员、有需要扶养的老人或者未成年人的人员。

④烈士遗属、本单位接收的由国家安排工作的退役军人等。

（3）初步确定裁员名单

企业要在全面梳理职工的性别、年龄、工作岗位、入职时间、劳动合同类型和期限、合同终止时间、本单位工作年限、月均工资、家庭情况、是否处于医疗期、是否享受工伤待遇、女职工是否处于孕产哺乳期等基本情况的基础上，结合企业生产经营需要，综合评价和权衡后谨慎确定裁员名单。

（4）依法执行

首先，企业应通过会议、电子邮件、电话等形式，提前30日向工会或者全体职工说明裁员有关情况，包括企业生产经营状况、目前面临的主要困难、已采取的尽量减少裁员的措施以及裁员初步方案等。

其次，企业需要召开全体职工会议，向职工清楚说明情况，并听取职工意见，且需要针对职工给出的建议进行解答，采用合理的建议和意见。

最后，企业在结合上一步的基础之上进一步修改完善裁员方案，并调整裁员名单，最大化地保证公开、公平、公正。

（5）防范裁员风险

首先，企业要提前预估此次规模性裁员可能会存在哪些风险情况，包括因对法律法规不了解或理解不准确出现违反法律法规有关规定的情况；职工与企业对经济补偿标准存在较大分歧，如经济补偿标准虽然符合法律规定，但与本企业以往较高标准、本地区同类企业较高标准有差距，或职工提出较高要求等情况；家庭困难等特殊群体希望得到额外照顾的情况；企业存在未依法参加社会保险、未依法支付加班费等历史遗留问题，被裁减人员追诉相关权益等情况。

其次，企业需要根据梳理的裁员过程中可能引发矛盾纠纷的风险情况，结合企业实际制定应急预案，采取有效措施予以防范和化解。具体来说，管理者需要让职工全面了解企业当前所面临的困境和难题。此外，管理者还要了解职工的想法及他们的实际困难，并注意疏导对裁员严重不满的职工的情绪。

总之，企业要尽量采取协商和解、调解的方式，柔性处理裁员过程中的矛盾纠纷，努力使矛盾纠纷以理性、平和的方式解决，促使裁员工作平稳有序进行。如果发现可能引发或已发生群体性事件，应迅速向当地人力资源社会保障部门、工会等报告，以寻求指导和帮助。

（6）及时提交裁员报告

在实施裁员前，企业要向当地人力资源社会保障部门提交书面裁员报告，并与人力资源社会保障部门真实沟通，听取他们的合理建议和意见。

（7）稳妥实施裁员

要想稳妥实施裁员，企业要做好以下几点。

一是依法与职工解除、终止劳动合同。根据法律规定，与职工解除、终止劳动合同要向职工出具解除、终止劳动合同证明，注明劳动合同期限、解除或终止劳动合同原因、解除或终止劳动合同日期、劳动者工作岗位、在本企业的工作年限等。

二是依法结清劳动报酬、经济补偿等。企业在与职工解除、终止劳动合同前应一次性足额支付全部劳动报酬、清偿拖欠的工资、补缴欠缴的社会保险费等，在完成工作交接时支付经济补偿和一次性伤残就业补助金。

三是做好相关配套工作。裁员相关配套工作包括做好被裁减人员档案和社会保险关系转移、做好被裁减人员资料归档、落实同等条件优先招用规定等。

（8）认真做好总结评估

裁员工作完成后，企业应从以下几点认真总结评估裁员过程中的有益做法和不足。

①裁员过程是否公开、公平、公正。

②裁员过程是否发生纠纷，纠纷是否成功化解，是否仍留有矛盾隐患。

③是否达到了裁员预期目标。

④是否因裁员对企业生产经营、职工队伍的稳定和士气、社会形象等造成负面影响。

⑤还有哪些可以改进的地方。

企业可以按照以上 8 个步骤做好规模性裁员的合规管理，尽可能降低规模性裁员带来的风险。

5.2.9　劳动争议的解决途径

劳动争议是指企业方和劳动者因执行劳动法律、法规和履行劳动合同而发生的纠纷。当企业与职工出现劳动争议时，一般有以下几种解决途径。如图 5-11 所示。

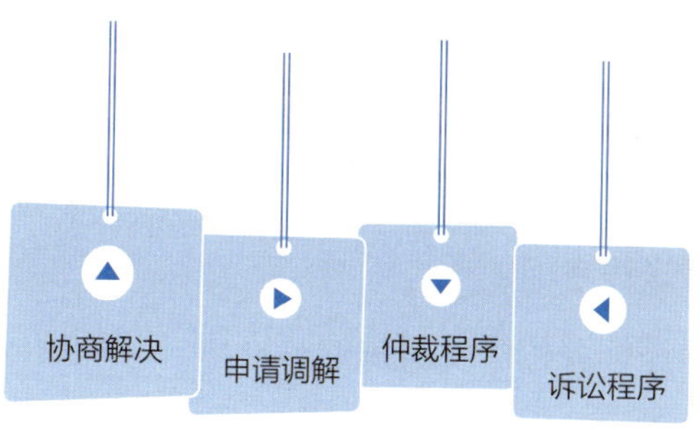

图 5-11　劳动争议的解决途径

（1）协商解决

协商是指企业和劳动者直接协商争议的问题，共同寻找解决纠纷的方案。因为双方对彼此有所了解，所以，当双方产生争议后，往往会采取协商的方式达成协议，进而消除隔阂。值得强调的是，协商的任何一方都是自愿的，不能被强迫。

（2）申请调解

调解程序是指企业或劳动者就已经发生的劳动纠纷向劳动争议调解委员会申请调解。

《中华人民共和国劳动法》规定：“在用人单位内，可以设立劳动争议调解委员会负责调解本单位的劳动争议。调解委员会委员由单位代表、职工代表和工会代表组成。”除因签订、履行集体劳动合同发生的争议外均可由本企业劳动争议调解委员会调解。调解程序也由当事人自愿选择，且调解协议也不具有强制执行力，如果一方反悔，同样可以向仲裁机构申请仲裁。

（3）仲裁程序

仲裁程序是指企业或劳动者将纠纷提交劳动争议仲裁委员会进行处理。因为这种方式既快捷灵活，又具有强制执行的效力，所以它是解决劳动纠纷的重要手段。

（4）诉讼程序

诉讼程序即我们平常所说的打官司。《中华人民共和国劳动法》第八十三条规定：“劳动争议当事人对仲裁裁决不服的，可以自收到仲裁裁决书之日起 15 日内向人民法院提起诉讼。一方当事人在法定期限内不起诉，又不履行仲裁裁决的，另一方当事人可以申请人民法院强制执行。”这一方式有着较强的法律性和程序性，因此做出的判决也具有强制执行力。

以上 4 种方法是企业与劳动者发生劳动争议时可采取的解决途径，管理者可根据实际情况采取最有益于解决问题的方式。

第6章

信息科技管理的风险与控制

随着信息科技的快速发展，计算机及互联网、移动通信和办公自动化设备也日益普及。然而，企业在享受信息科技带来的便捷和高效的同时，也遭受着其风险隐患。各种信息科技风险事件层出不穷，给企业造成了不可估量的损失。因此，信息科技管理的风险控制也是企业内部控制和风险管理的重要环节之一。有效的控制信息科技风险，已成为很多企业迫切需要解决的问题。

CHAPTER 6

6.1 信息科技风险的重要性

计算机的出现对人类社会的发展产生了巨大影响。广泛使用的计算机使人们传递信息的数量、处理信息的速度和应用信息的深度都以几何级数增长。由此，人类开始进入一个新的时代——信息时代。

进入信息时代，各行各业的经营方式都不断适应着信息技术的发展。现代企业的运营也越来越依赖于信息科技。某种程度上说，没有信息科技的支撑，企业的业务开展就举步维艰，甚至企业的经营会陷入瘫痪状态。还有一些新兴企业，其商业模式更是完全依赖信息科技，比如阿里巴巴、新浪等企业，若没有信息科技的支撑，这些企业可能会失去生存之基。

6.1.1 信息科技风险案件

本节我们通过几个比较典型的信息技术犯罪案件（在作案过程中运用了信息科技手段的案件）与信息安全事件，结合外部与内部监管要求，来了解信息科技风险管理的重要性。

（1）2008 年法国兴业银行违规交易

法国兴业银行创建于 1864 年 5 月，是一个创造了无数骄人业绩的老牌银行。但是在 2008 年年初，因一个底层交易员的违规操作而受到了重创，老牌银行轰然倒塌。

从表面上来看，这起悲剧发生的原因主要是交易员对企业进行违规交易，而银行风险系统也没能及时觉察。但我们进一步分析发现，银行的内部控制环境，尤其是激进的企业文化为此次事件的发生埋下了隐患，而管理人员与监控人员置之不理的行为也成了该违法交易员的帮凶。

在 2008 年 1 月 18 日，兴业银行就查出了该交易员的交易记录上存在不寻常的交易风险，并且该交易员还伪造邮件，制造了一笔虚假交易。最终在证据下，该交易员也承认伪造了虚假贸易往来。据此，银行在 2008 年 1 月 19 日连夜查账，震惊地发现这起欺诈案件所涉及的资金总额十分惊人，兴业银行损失接近 20 亿美元（约合 128.5 亿元人民币）。并且随着全球股市遭遇“黑色星期一”的影响，损失进一步扩大。该事件的负面影响不断扩大，最终在 2008 年 7 月 4 日，法国银行监管机构——法国银行委员会对兴业银行开出 400 万欧元（约合 3127 万元人民币）罚单（该机构的罚款上限为 500 万欧元）。

在这个案例中，可以明确看到因为兴业银行内部监控机制严重缺失，使得金融交易在各个级别缺乏监控，最终让不良用心之人有了可乘之机。

（2）篡改网银交易数据盗取客户资金

2009年年初，国内某银行接到投诉，有客户表示账户上的资金无缘无故被转走了。银行经过检查发现，客户投诉异常的交易均是在国庆期间从大众版网上银行发起的，从交易本身看不出异常。

正在银行与客户沟通确认事件经过时，又收到数十笔投诉，均指账户上的资金被转走。大量的异常交易引起了银行的高度重视，通过与公安机关合作，很快抓获了犯罪嫌疑人。

经过审讯得知，犯罪嫌疑人聘用了多名当地无业人员，在银行办理了借记卡并开通了个人网银业务，然后一边以合法身份进入银行大众版网银系统，一边又在网络下载黑客软件，攻击和破译该银行大众版网银系统，然后进行作案。

据统计，犯罪嫌疑人曾尝试攻击171笔，通过转账盗取资金59笔，涉及客户11人，累计金额12万元。

（3）自助设备加装特殊装置盗取银行卡信息

2009年年底，某农村信用合作社接到客户投诉，称其在该柜台开设的银行卡一直在本人身上，密码也没有丢失，但连续收到自己未操作的自动取款机取款、销售点消费短信通知。银行立即查看了监控录像及交易流水，发现就在客户投诉前几日，有3名嫌疑人在自动取款机上装上了盗码器与摄像机设备，33分钟后将设备移除。其间，有5名客户在该自动取款机上发生交易，其中3张为该联社银行卡，2张为其他银行卡。

案件发生后检查该客户相关流水，发现此卡被非法取款3笔、刷卡消费2笔，金额近5万元。公安机关提示，此类在银行自助设备外部加装特殊装置盗取银行卡信息的案件，作案过程一般为：在门禁或自助设备上安装侧录读卡器盗取客户银行卡信息，通过安装微型摄像头、假键盘或通过望远镜盗取客户的银行卡密码，然后以最快的速度制作伪卡，在本地或异地将客户银行卡内的资金取出或转走，使客户蒙受损失。

随着技术发展，此类案件技术含量也越来越高，加上作案时间短，防范打击难度大，近年呈现逐年上升的趋势，对银行业、社会和客户造成的影响都比较大。

此类案件通常在每天的18～22时安装读卡器和摄像装置，实施犯罪的设备从安装到拆走一般不超过1个小时。作案时通常在甲地盗取客户银行卡信息，然后到乙地的自助银行取款。之所以此类案件频繁出现，主要原因有以下3点。

一是国内银行卡多数为磁条卡，防伪能力弱，只要能读到磁条信息，就能比较容易被克隆。

二是客户的警惕性不高，对银行自助设备操作熟悉程度不够，对于突然“增加”的部件熟视无睹，依旧进行相关操作，造成卡号、密码的泄漏。

三是自助设备无人值守，加上部分银行监控和巡查不到位，给犯罪嫌疑人可乘之机。

2011 年中国人民银行全面启动银行磁条卡向 IC 卡迁移工作，目前全国各商业银行均已用金融 IC 卡替代了传统的磁条卡，从根本上提高了银行卡的安全性。很大程度上避免了磁条信息易被复制、使用磁条信息盗录装置复制银行卡磁道信息等问题，极大降低了银行卡信息盗取案件的发生概率。

通过以上 3 个信息科技风险案件，我们可以直观地看到科技风险给企业带来巨大的损失，甚至使得企业面临覆灭之灾。同时，从中也反映出在我国的企业中，信息科技风险管理仍处于起步阶段，信息科技风险管理工作仍然存在很多困难和不足，未来有一段很长的路要走。

6.1.2　信息科技风险的分类

按照案发区域，信息科技风险案件一般可分为 3 类。

（1）网上系统类案件

犯罪嫌疑人主要通过国际互联网等载体，以木马病毒、程序破解密码等多种技术手段获取客户的账号和密码，以非法转账或网上支付等方式盗取企业资金，或者盗取企业的机密信息。

（2）内部控制机制漏洞类案件

犯罪嫌疑人借内部工作人员的身份和工作之便，利用企业管理制度、业务流程、交易系统等方面存在的漏洞作案，盗取企业资金。

以银行为例，内部控制作案又可细分为两类。

一是业务人员盗取其他员工的柜员号和密码，通过对客户定期存款进行密码挂失、虚假存款、虚列利息支出、冒名虚假贷款等方式作案，盗取银行或客户资金。

二是科技人员利用职务便利，非法进入系统，通过编制非法程序窃取银行客户密码、篡改数据库数据、篡改账户状态、窃取数据仓库客户信息和利用综合业务系统功能缺陷等方式作案，盗取银行或客户资金。

（3）自助设备类案件

以银行为例，犯罪嫌疑人在银行自助设备上做手脚，利用读卡器、微型摄像机、假冒银行服务电话等各种手段盗取客户账号及密码，进而盗取客户资金。

上述3类案件在案发区域、损失度及防范难度等方面存在不同，作案手段也有所差异。虽然存在差异点，但是都给企业带来了严重的损害。信息科技风险不只是让企业损失资金，更严重的是让企业遭受重要的商业信息泄露风险，这对企业会造成更深层次的打击。因此，企业在享受信息科技带来的便利的同时，一定要增强信息科技风险的防控意识和能力。

6.1.3 信息科技风险案件发生的七大原因

导致各类信息科技风险案件发生的原因来自以下几个方面。

（1）系统保障不足

例如基础设施环境保障不足、对关键设备未实施冗余配置、系统容量不足、系统安全防护不足、数据异地实时备份能力不足、银行卡防伪能力弱、客户认证机制存在漏洞等。

（2）日益增多的应用系统未实现有效整合，系统设计时对安全控制考虑不足，导致系统安全隐患加大

（3）企业的科技管理存在缺失，信息系统运行保障能力不足

例如运行操作不当、监控不到位、外包管理薄弱等。

（4）风险预警监测体系有待完善

预警监测的自动化程度、可靠性、及时性有待加强。

（5）系统应急机制不健全，应急预案不完善，应急处置不当

例如很多企业出现信息科技事件后，应急预案并不能真正地解决问题。

（6）企业及员工的科技风险防范意识整体偏低

企业的信息科技风险防范意识普遍不足，员工的安全意识更为薄弱。

（7）企业的内部控制存在漏洞

例如对敏感信息保护不周全，对生产环境控制不严，外包管理存在缺失，对自助设备区域的巡查不力等。

以上七大原因是信息科技风险事件频发的原因。这对企业的启示是：要重视科技风险及其可能会带来的灾难性后果，做好信息科技风险的管理和控制。

6.1.4 信息科技风险的危害

各类信息科技犯罪案件会对企业造成多方面的危害，主要集中在以下 3 个方面。

（1）欺诈风险

以银行为例，敏感信息被盗取，包括银行卡号及密码、网银账号及密码等，导致银行或客户资金被盗。银行资产设施及信息系统受损，影响其正常对外提供服务。

（2）信誉风险

主要表现在信息科技风险的出现会给企业的数据带来危险，让企业的客户丧失安全感，对企业产生怀疑，进而影响企业的信誉。

（3）法律风险

主要表现企业会因信息科技风险承担法律责任。

可以说，信息科技风险给企业带来的危险是不可估量的。因此，企业一定要采取控制措施降低、管控信息科技风险。

6.1.5 信息科技风险管控的要求

信息科技风险管控的目标是降低信息科技给企业带来的危害，提高现代企业信息安全。同时，企业也要增强信息科技的安全性、可靠性，建立高效的信息沟通机制，进一步提升企业的信息科技水平。

相比较而言，信息科技风险更频繁地出现在银行中。因此，我们以商业银行为视角介绍一下信息科技风险管控的要求，为其他类型的企业提供借鉴。如图 6–1 所示。

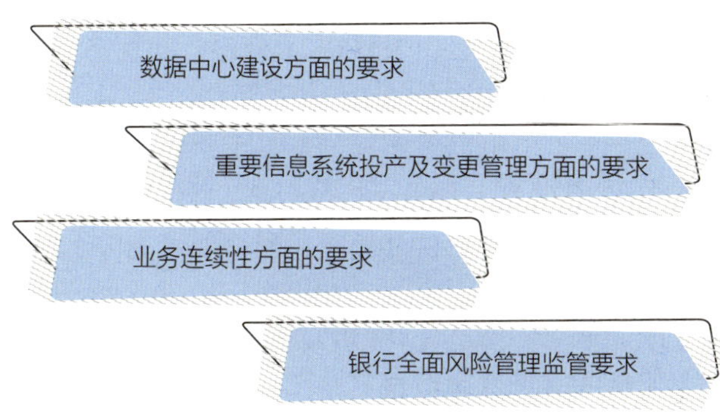

图 6–1 信息科技风险管理的要求

(1) 数据中心建设方面的要求

我国银行业监管部门要求商业银行加强数据中心的风险管理、运行环境管理、运营维护管理、灾难恢复管理、外包管理等，并对同城或异地模式灾备中心的建设、数据中心选址、数据中心基础设施、数据中心安防与基础设施保障等提出了较为详细的指导意见。

商业银行要按照这些要求完善数据中心建设，以做好信息科技风险的防控。其他企业也可以参照这些要求，结合企业自身的特点完善数据中心的建设。

（2）重要信息系统投产及变更管理方面的要求

我国银行业监管部门要求商业银行对于重要信息系统投产及变更应抓好组织管理、风险评估和流程控制。商业银行需要充分意识到信息系统可能存在的各种风险，包括系统功能缺陷、客户信息泄露、业务中断等其他因素可能造成的操作风险、法律风险和声誉风险，并形成风险评估报告。商业银行的重要信息系统投产及变更控制应抓好过程安全审查、内容评审、应用测试、版本管理、数据与质量控制、风险监控和预警、应急演练等工作。

其他企业也可以参照这些要求，结合企业自身的特点做好重要信息系统投产及变更管理。

（3）业务连续性方面的要求

在业务连续性方面，我国银行业监管部门要求商业银行对业务连续性应当建立业务连续性管理的组织架构，并制定业务连续性计划，配置必要的资源，并在实际工作中不断评估和改进。其他企业也可以参照这些要求，结合企业自身的特点做好业务连续性方面的风险管控。

（4）银行全面风险管理监管要求

中国银行业监督管理委员会发布《银行业金融机构全面风

险管理指引》，要求银行业金融机构应当制定风险限额管理的政策和程序，并建立风险限额设定、限额调整、超限额报告和处理制度，采取积极有效的风险控制措施。

总之，信息科技风险管控的要求集中在数据、重要信息系统投产及变更管理、业务方面、银行全面风险管理等方面，银行要对这些方面可能存在的风险进行针对性的管控，以降低信息科技风险。其他类型的企业同样也需要从各个角度做好信息科技风险的控制和管理，具体可参照商业银行信息科技风险管控的方向和要求进行。

6.2　信息科技风险管理框架

信息科技风险管理并不是缝缝补补，而是要建立一个严格的管理框架。在这个框架里，包含的内容有数据中心建设管理、重要信息系统突然事件应急管理、重要信息系统投产及变更管理、业务连续性管理、信息科技外包管理、提高信息科技管理水平、提高应用研发科技管理水平等。

6.2.1　数据中心建设管理

随着电子信息和网络的迅速发展，以及各种社交软件、移动支付的普及，一方面使得企业的数据量变得更加庞大，另一方面也让企业的数据变得更加碎片化。很大程度上说，企业的数据管理水平直接决定企业的管理水平，而数据中心就像是企业经营的大脑，可以让企业变得更加智能、智慧。正如著名数据管理专家威廉·德雷尔（William Durell）所说："没有卓越的数据管理，就没有成功高效的数据处理，更建立不起整个企业的计算机信息系统。"所以，对企业来说，数据中心建设管理对信息科技风险管理有着非常重要的作用。

从信息科技风险的角度看，各种网络风险（如黑客的攻击）会侵袭企业的数据中心安全，通过安装恶意软件而获得企业重要的数据。很多企业并不知道如何解决这个问题，并且用于解决影响较小的漏洞的资源很稀缺，最终让数据中心陷于危险之中。此外，不少企业在数据管理方面会存在数据残缺、指标不完善、更新不及时等问题。

因此，企业做好数据中心建设管理十分重要。具体来说，企业要做好以下几点工作。

（1）修复企业数据漏洞

通常来说，企业重要的数据包括客户名单、商业计划、商业机密等数据。任何数据丢失都可能对企业的声誉、经营造成严重影响。以数据为中心的漏洞管理方法既可以帮助企业降低业务宕机和安全问题造成的损失，又能够帮助企业避免破坏性安全事故的发生。基于此，企业需要修复漏洞，帮助保护最重要的数据及其声誉。

具体来说，企业的安全专家第一步要设置捕获点。企业安全专家可通过启用 Wireshark（网络抓包工具）捕获网络中两个不同点来验证防火墙性能效率。第二步则是检查是否有入侵。对比第一步中收集的两个数据包，以防火墙上设置的过滤规则为依据，检查数据是否存在差异。

（2）进行全面持续的数据评估

威瑞森电信的数据泄漏调查报告显示，在安全事故和受害人缺乏对其操作环境（尤其是对于信息资产的存储状态）的了解之间存在很强的联系。所以企业要知道哪里能够帮助自己预防这些类型的安全泄漏事故。安全评估计划应该要有一个“自上而下”的组件来检查数据保护的情况，还有一个“自下而上”的组件来检查已经部署的措施的情况。

（3）考虑所有数据点

企业需要考虑所有数据点可能带来的威胁和漏洞，包括业务路径（代表数据的生命周期）；技术路径（数据满足业务需求的路径）；物理路径（例如打印内容和移动媒体）等数据情况。

综上，企业一方面要将不同领域、不同单位、不同软件的数据进行集中统一管理，建立各种主题数据仓库，挖掘数据潜在价值，应用数据指导企业的经营决策，让数据中心更能发挥价值；另一方面企业也要做好数据中心建设管理，降低数据遭受袭击的风险。

6.2.2 重要信息系统突发事件应急管理

从积极的角度看，企业重视并积极加强信息系统建设，这一行为对打造企业现代化体系、推动企业成为市场的引领者具有极大的促进作用。但是，企业信息系统建设和应用过程中，通常信息化程度越高，企业对其依赖性也就越大，当重要信息系统出现突发负面事件时，其对企业造成的经济损失不可估量。

因此，企业完善信息化建设的同时，也要提高对重要信息系统突发事件应急管理的意识和能力。

信息系统突发事件应急管理主要是提前预防可能会发生的突发事件，最大限度地降低信息系统突发事件的负面影响。很多企业在应急事件处理过程中常出现差错，包括缺乏系统性统筹管理，缺乏应急预案，整体工作经验不足等问题。同时，考虑到重要信息系统突发事件有其自身的特点和不确定性，其应用环境和业务复杂度相对较高，因此使得突发事件的不确定性因素也较多。基于此，企业就需要建立一套全面有效的信息系统突发事件应急管理体系，保障企业经营过程提前预防事件的发生，以降低信息技术带来的不利风险。具体来说，企业要做好以下几点。

（1）明确应急管理组织结构及职责

重要信息系统突发事件应急管理并不是企业内某个人的事

情，而是企业全体人员的事情，尤其是董事会和高层管理者更要重视。

应急管理组织结构及职责的要点有以下几点。

①是否建立应急管理组织机构？

②是否落实董事会和高级管理层应对本机构应急管理政策及实施效果负有最终的责任？

③是否落实应急管理的分级授权制度和问责制度？

④董事会和高级管理层是否定期听取风险状况分析、现有应急政策重大修改等汇报？

⑤风险管理部门是否建立应急处置的预授权制度？

⑥风险管理部门是否定期分析风险状况和总结信息系统突发应急管理成效？

⑦是否明确机构信息系统应急管理部门的报告职责？

⑧信息科技管理部门和业务管理部门是否制定信息系统突发预防措施、预警标准和应急策略？

⑨信息科技管理部门和业务管理部门是否负责信息系统营运和维护？

⑩信息科技管理部门和业务管理部门是否评估总结信息系统事件及应急处置？

⑪是否发现过程中暴露的问题并及时整改？

（2）突发事件应急管理的工作原则

突发事件应急管理的工作原则有 4 点。如图 6–2 所示。

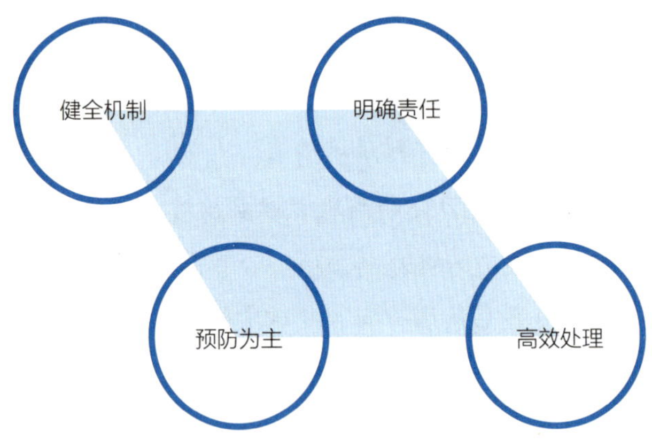

图 6–2　突发事件应急管理的工作原则

一是健全机制。企业要健全应急处置机制，发生或可能发生特别重大的重要信息系统突发事件时要立即向应急管理部门上报，以快速地化解风险。

二是明确责任。企业要明确相关部门的职责，例如信息科技管理部门和业务管理部门是否已经充分负责好信息系统运营和维护。

三是预防为主。考虑到重要信息系统突发事件并不是频繁发生，所以重要信息系统突发事件应急管理以预防为主。

四是高效处理。企业可通过健全机制、明确责任和积极做好预防工作，使得各个方面环环相扣、协调一致，进而能够在出现突发事件时能够高效处理。

（3）掌握科学的突发事件处置方法

抓好风险防范和做好应急预案与演练是应急准备的重要环节，也是掌握方法最好的途径。企业可通过培训的方式，对相关人员进行应急知识、应急技能和处置方法的培训，提升相关人员应对重要信息系统突发事件应急管理的能力。同时，企业通过培训和应急演练进一步明确分工和职责，可以让相关人员熟练掌握应急处理工作流程、工作内容和处置内容，以便及时发现和纠正工作中存在的问题和薄弱环节，进而降低风险。

综上，在重要信息系统突发事件应急管理上，企业既要以“健全机制、明确责任、预防为主、高效处理”为工作原则，又要切实抓好风险防范、应急预案与演练、应急响应、应急保障、持续改进等方面的工作，从而有效提升企业的信息系统突发事件应急管理效率和效果。

6.2.3　重要信息系统变更管理

信息系统变更主要包括软件的升级扩容、软件的修改与升级等。信息系统变更通常是为了更好地满足企业的需求，但在变更的过程中也存在一定的风险。企业应加强对变更申请、变更成本和进度的控制。

企业重要信息系统变更的主要风险及其管控措施。如表6–1所示。

表 6-1 企业重要信息系统变更的主要风险及其管控措施

主要风险	管控措施
（1）企业没有建立严格的系统变更流程，使得系统变更很随意 （2）变更后的系统并没有达到预期中的效果	（1）建立严格的系统变更流程，包括申请、审批、执行和测试环节，使其更规范，发生作用；加强紧急变更的控制管理 （2）变更后系统要有验证和测试程序，必要时还要进行额外测试

企业在重要信息系统变更管理上，可参照表 6–1 中的管控措施进行管理。

6.2.4 业务连续性管理

在信息化、数字化时代，企业对信息科技和计算机的依赖程度越来越高，但是一旦计算机不听指挥，可能整个组织运作都要停止了。此时业务连续性管理就显现出重要的价值。

2020 年 2 月 25 日，在华为全球直播的行业数字化转型大会上，华为企业 BG 副总裁孙福友说，业务连续性管理（Business Continuity Management，简称 BCM）是每一个希望基业长青的企业都需要考虑的战略问题。企业的 ICT（信息通信技术）系统已成为企业的生产工具和核心资产，应该纳入业务连续性管理范畴。

业务连续性管理，是一项综合管理流程，它使企业认识到潜在的危机和相关影响，制订一整套从诊断风险、应急响应计划制定、实施应对的方法，其目的是防止企业业务活动中断，最大化地保护关键业务不被信息系统中的重大失误影响，并确保关键业务活动能及时恢复，进而减少灾难事件给企业带来损失。完善的业务连续性管理系统不仅能帮助企业从灾难中恢复，也将防止可能出现的任何运作中断，例如错过了最后交付日期。

以商业银行为例，国内某银行曾出现大面积系统故障，波及北京、上海、广州等各大城市。此外，另一家银行也遇到了故障，银行转账全面暂停，网银、柜台均无法操作。接连发生的两大银行系统短暂“罢工”，引发了民众对银行支付违约的恐慌与担忧。经调查，这一事件原来是供应商提供的主机版本内存清理机制存在缺陷引发的。虽然这类事件并不常出现，但是仍让更多的人意识到业务连续性管理的重要性。

在一般企业中，业务连续性管理同样也有着重要作用。基于此，企业要做好业务连续性管理，具体要做好以下几点工作。

（1）预防业务中断

企业要定期进行数据备份。通信线路、电源等日常检查是预防企业业务中断的主要方式。在企业日常业务活动中，可采取监督、访问控制、身份认证、防病毒、过滤、入侵检测系统等方式预防保护。

（2）确定关键业务及其优先级

企业要识别关键业务活动，并按照其重要性分为不同的优先级。关键业务的优先级顺序也是中断后恢复的优先级。通常情况下，业务活动最高优先级别通常是提供资源共享服务的 ×× 系统、各开发部门源代码（重要问答管理及存储系统）等。较低的系统是提供内部网站访问的系统。

企业要针对不同的关键业务活动，建立业务连续性管理机构和应急领导小组，根据安全级别实行分级管理制度，制定针对性的业务恢复方案，并指定相关责任人和业务恢复的时间，以保障在系统发生问题时，能够在最短的时间快速恢复丢失的数据。

（3）对员工进行培训与灾备演练

企业一方面要对员工进行业务连续性管理策略培训与宣传，让员工知道做好业务连续性管理的重要性以及如何做好业务连续性管理；另一方面企业也要进行灾备演练，通过定期或临时演练的方式，全面提升企业的应急能力。

总之，企业要关注业务连续性管理的重要价值，并采取积极有效的措施进行控制，以降低风险。

6.2.5 信息科技外包管理

信息科技外包管理很重要，但不少企业疏于信息技术外包管理，出现服务商选择不恰当、对服务商监管不到位、缺乏对服务商的跟踪管理等问题，导致企业遭受巨大损失。在信息科技外包管理中，管理框架主要围绕选择外包服务商、签订外包合同和持续跟踪评价外包服务商的服务过程展开。

根据外包管理的流程，企业在信息科技外包方面的主要风险和控制措施如表 6–2 所示。

表 6–2 信息科技外包的主要风险和控制措施

关键控制点	主要风险	控制措施
选择外包服务商	外包服务商选择不当会给企业带来利益损害和纠纷，包括道德风险、信息泄露等	（1）企业在选择外包服务商时要充分考量外包服务商的资质条件、服务能力、对本企业业务的熟悉程度、既往承包服务成功的案例、市场信誉等，对外包服务商进行严格筛选 （2）在选择外包服务商时，企业要严格执行选择流程化，可以采取招标的方式进行，并请集体决策审批
签订外包合同	表现为合同条款不准确、不规范，可能会侵害企业的利益	（1）企业在与外包服务商签约合同前，需要针对可能出现的风险拟定合同条款，就有争议的部分做出详细说明，并由法务部门审查把关 （2）针对合同过程中的商业秘密和敏感数据之类的隐私内容，企业需要和外包服务商签订详细的“保密协定”，最大化保护企业数据安全
持续跟踪评价外包服务商的服务过程	外包服务质量水平不能满足企业实际需求	（1）企业要对外包服务商建立评价体系，建立外包服务质量考核评价指标体系，并对外包服务商的工作成果进行考核，公布结果，且做好跟踪评价 （2）企业可引入监理机制，进一步降低风险

企业要想做好信息科技外包风险管理，就要践行以上控制措施。

6.2.6 提高信息科技管理水平

虽然信息科技能够有效地提升企业的经济效益和竞争力，但是不少企业的信息管理水平并不高，这也导致很多企业难以真正发挥出信息科技管理的价值。因此，企业信息系统管理如何完善，如何利用信息科技管理来提高企业业务运行效率，加快企业建设和改善管理方法，以满足企业发展的要求，已经成为众多企业需要面临的一个巨大的挑战。

具体来说，企业提高信息科技管理水平需要关注以下问题。如图 6–3 所示。

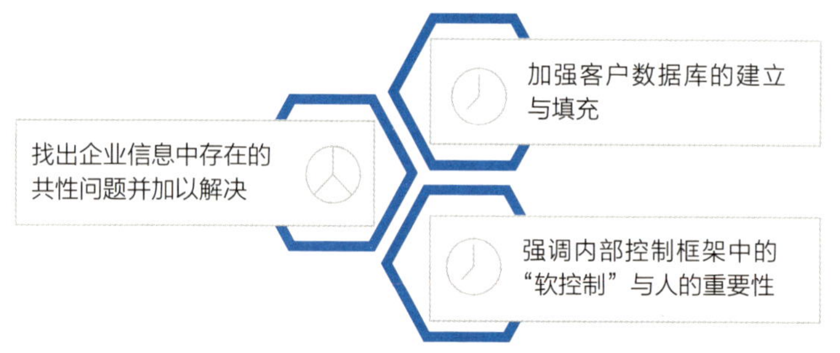

图 6–3 企业提高信息科技管理水平的注意事项

（1）加强客户数据库的建立与填充

某种程度上说，是否拥有强大的客户数据库已经成为评价一家企业是否具有发展潜力的重要标志之一。在企业的良性发展中，客户数据库已经占有了重要地位。基于此，企业要加强客户数据库的建立和填充，使其能够在企业内部共同了解客户总体的、统一的信息。

通常来说，客户信息数据从订单采集开始，再经过订单复核、分拣配货、完成配送、数据处理等，客户数据库的建立就是把这些数据信息搜集起来，并在实施管理的过程中，以最大限度地满足用户的各种需求为目标。企业需要花费一些精力对客户数据进行分析，成功地对可用数据信息进行搜集，进而提高信息科技管理水平。

（2）强调内部控制框架中的“软控制”与人的重要性

本质上说，企业发展主要依靠的是人才和科技，内部控制实施也是由人进行的。因此企业要想提高信息科技管理水平，就要关注企业中的“人”。具体来说，企业既要最大化地保障员工具有一定水准的诚信、道德观和能力，也要重视对人员的选择、使用和培养，并且要将道德规范、行为准则、能力素质的建设直接纳入内部控制结构的内容，以便最大化地让员工发挥出潜能。在信息技术环境下，企业尤其应该注重培养组织中人员的信息观念，使其理解企业信息化建设和管理改革、内部控制创新之间的关系，并重视和实现这个改革。

（3）找出企业信息中存在的共性问题并加以解决

管理者可通过对设计、采购、生产、库存、销售、开发、财务等业务运作的系统整合，找出企业信息中存在的共性问题并加以解决，最终提高企业信息科技管理水平。

以设计业务为例，可能存在的问题有设计方案不能完全满足用户需求，或者设计方案不全面导致后续变更频繁等。针对这些可能存在的问题，企业就要积极解决。比如设计部门在设计方案时要与业务部门进行充分的沟通和讨论，重点说明方案对用户需求的覆盖情况等，通过各种措施来解决这个问题。

综上，在企业管理中，信息技术建设对增强企业市场竞争力十分必要，企业要通过各种方式提高信息科技管理水平，进而提升企业的运营效率。

6.2.7 应用研发风险管理水平

在企业经营发展中，企业要想在激烈的市场竞争中获得一席之地，就要加快产品创新速度。有的企业甚至每年要完成数十个应用项目的研发、测试及投产工作，以此提高市场竞争力。应用研发最突出的特点就是其具有探索性和创造性，但也具有不稳定性和风险问题。不少企业在应用研发方面存在自身的实力较弱，项目缺乏统筹规划，相关人员的项目管理知识和管理经验缺乏等问题，都十分影响应用研发水平。缺乏严格的项目管理和质量保证体系，这些都是阻碍企业顺利完成应用研发的不利因素。

具体来说，应用研发风险主要来源于内部和外部两大方面。内部风险包括不了解研发组成员的技术能力，对应用研发进度把握不足，不能预测应用研发所需花费的成本等。外部风险包括达不到该应用研发领域的前沿水平，市场预测不足（比如市场趋势发生变化），用户群体以及设计趋势发生变化等。相比而言，外部风险比内部风险更难以预测和管理。

对企业来说，应用研发风险管理是非常重要的，尤其是大规模的应用研发，如果管理控制能力不能及时跟上，不但会降低软件产品的质量，还会出现设计、研发和测试等问题，进而可能引发系统运行风险。此外，应用研发管理风险可能还包括恶劣的工作环境，硬件可靠性不足，编程效率低下，团队磨合，应用研发的时间成本等问题。

基于此，企业需要提高应用研发风险管理水平。具体来说，在提高应用研发风险管理水平上，要关注以下几点。

（1）组建专业的研发团队

通常，应用研发内容复杂、技术性很强，且需要经过项目计划、可行性分析、试验与测试、成果发布和实施等过程，依靠的是技术人员的能力以及经验。如果技术人员不专业，那么也会增加企业应用研发风险管理的难度。因此，企业要组建专业的研发团队。这样做主要有两点优势。

一是专业会带来更好的协作能力，研发部门的各成员会基于同一个目标展开合作。

二是应用研发确实需要有对整个产品链和供应链有工作经验的人员，在研发的过程中可以充分参与，可以让研发工作更好更快地完成。

企业要想组建专业的研发团队需要关注以下3点。

一是企业要根据应用研发的性质、内容、产品特征、面向的用户去组建团队。

二是团队成员可由企业内部选拔，也可以向外聘请专业的研发人才。

三是企业可以依靠资深技术人员的人脉关系，在业内招揽掌握这一类技术的专门人才对项目把关，以提供强有力的技术支持。

（2）建立应用研发的工作流程并明确分工

建立应用研发的工作流程并明确分工不仅可以让研发工作有的放矢地展开，也有助于后期跟踪和管理。应用研发的工作流程包括需求收集调研、项目立项、MRD（Market Requirement Document，市场需求文档）编写、产品讨论确定、技术设计、技术开发、测试、上线和线上跟踪。具体内容如表6-3所示。

表6-3 应用研发的流程及其工作内容

流程	工作内容
需求收集调研	产品研发部门会通过各种途径和渠道去了解并收集用户需求
项目立项	产品组织部门和相关部门开立项会，内容包括项目的意义、产品需求、预期效果、人员工作职责及范围、时间计划等

续表

流程	工作内容
市场需求文档编写	产品经理将市场需求和产品需求编写成 MRD 文档（Market Requirement Document，市场需求文档），后期过程中出现变动也同步到对应的市场需求文档中
产品讨论确定	产品经理要组织各种形式的沟通和讨论，不断修正市场需求文档。经过立项相关人员的一致同意后，完成基本确定版本的市场需求文档
技术设计	研发工程师需要根据需求设计确定方案
技术开发	研发工程师按照设计进行开发，并进行必要的自测和检查
测试	测试工程师要测试所研发系统的功能、性能、容错性等，产品经理安排用户测试
上线	工程师准备上线方案，并将系统放到线上提供服务
线上跟踪	对后续进行跟踪

一般来说在应用研发过程中，具体的角色分工如表 6-4 所示。

表 6-4 应用研发中参与的角色及其工作内容

角色	工作内容
产品经理	负责需求收集和分析，产品的调研和设计，市场需求文档的编写，跟踪以及其他与之相关的工作
产品总监	负责划分产品部门的工作，人员协调，安排总体工作和进度跟踪，跨部门协作安排
应用总负责人	负责战略性应用的审核和把握战略方向
研发工程师	负责系统前后端的设计和开发

（3）跟踪应用研发以及产品生产后的每个问题

应用研发以及产品生产后企业还要做好跟踪工作，并做详细的分析和记录，形成总结反馈资料。有价值的内容和条目要加入工作流程和技术规范中，形成循环改进的机制。

总之，企业在应用研发过程中，必须要采取合适的方法进行风险管理，建立严格的工作流程和跟踪机制，以此降低应用研发风险。在应用研发管理的工作中，企业要有意识地提高应用研发成功标准的把握，强化科学管理的风险意识。尤其是伴随着互联网的快速发展，各种信息安全问题更是让企业难以忽视，对企业也会造成难以预估的损害。对企业来说，重要的是做好信息科技风险管理和控制，通过各种手段有效控制信息科技风险，减少风险的侵袭。

第7章

供应链金融的风险与控制

近年来，供应链金融发展迅猛，产融结合，发挥出巨大的价值。但是在快速发展的同时，供应链金融的风险也真实存在。做好供应链金融的风险控制也成为不少企业进行风险管理的一个重要环节。

CHAPTER 7

7.1 什么是供应链金融?

融资难问题一直是不少企业尤其是中小型企业发展的一大困难。中小型企业由于自身规模小实力弱，很容易出现现金流紧张或断裂的情况。在此背景下，供应链金融成了中小型企业的"救星"。

7.1.1 什么是供应链金融?

供应链金融是什么？在解释供应链金融的概念前，我们先解释清楚两个概念，即供应链和供应链管理。供应链是包含生产流通全过程的一个链条，由供应商、生产企业、批发商、零售商和最终用户形成。为了更好地让供应链发挥作用，让整个供应链更好地服务生产，因而有了供应链管理。供应链管理是为了能够让供应链运作达到最优化，并且以最少的成本，通过协调供应链成员间的业务流程，让供应链从采购开始到满足最终用户的所有过程。

人们发现在供应链管理中刚好能够控制物流和信息流，乃至结算的资金流，而这些功能恰好是控制融资风险的新角度、新工具，而且效果非常好，供应链金融的概念由此诞生。

供应链金融是将供应链的核心企业以及与其相关的上下游企业看作一个整体，通过管理上下游中小企业的资金流、物流和信息流，将单个企业的不可控风险转化为供应链企业整体的可控风险，一方面向供应链上下游企业提供综合性金融商品和服务，另一方面也将风险控制在最低的金融服务。

虽然说供应链金融在结构上具有较强的科学性和可行性，但是由于供应链金融参与主体较多、融资模式灵活、契约设计复杂，因此其运作也存在一定风险。进一步说，供应链金融的风险主要源自业务闭合化。业务闭合化是指供应链运营通常有一个完整的闭合系统，但是一旦某一环没有实现有效闭合，就极有可能产生潜在风险。

通常来说，影响业务供应链闭合性有两类因素。

一是来自宏观层面的问题。具体是指由于宏观经济、政治法律环境的不确定性而导致的风险，使得供应链运营中断，难以实现可循环的供应链运营。

二是行业或区域性系统风险。供应链服务的行业和区域性对供应链能否稳定持续运行产生作用。换句话说，如果在限制性的行业或者夕阳型行业，供应链金融很难得到平稳地运行，进而使其具有较大的风险。

另外，我国信用体系建设尚待加强，银行和企业之间的信息不对称问题也未能得以解决，同时，供应链金融的相关主体——银行和融资企业存在利益偏差，加之供应链金融本身的风险，等等，这些问题无疑都是对商业银行开展供应链金融的挑战。

7.1.2　供应链金融的三大特点

供应链金融实现了物流、信息流、资金流、商流的合一。这四者在供应链中同时存在，既加强了供应链中上下游企业间的连接，也能帮助企业把握全局，了解上下游企业的具体情况。

供应链金融除了以上的特点外，还具备三大特点。如图7–1所示。

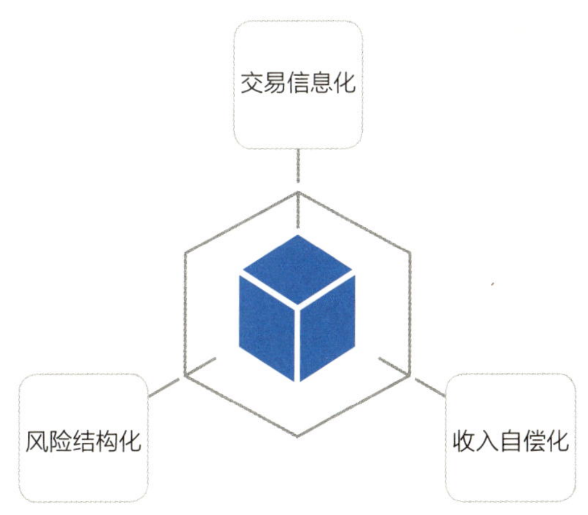

图7–1　供应链金融的特点

（1）交易信息化

交易信息化是指企业一方面要及时、完整地获取商流、物流、信息流等信息，另一方面也要通过一定的技术手段对这些数据进行清洗、整合等，以便更好地掌握供应链运营状态，使金融风险得以控制。

随着时代的发展，交易信息化的含义进一步得到扩展，不仅表现在获取和分析供应链运营中产生的各种信息上，还表现在能够实现有效的信息治理，包括交易管理、规则确立、信息安全、数据流管理以及信息的全生命周期管理等。有效的供应链金融信息治理，需要解决好以下几个问题。

一是确保供应链业务的真实性。即所有在供应链中发生的业务都是真实可靠的。要做到这一点，就需要通过对交易凭证、单据和供应链运营状态进行查验，来确保交易的真实。

二是确保供应链物流能力和质量。即能够在从事供应链物流服务过程中，十分明确物流作业的质量、数量、时间、地点、价格、方向。

三是确保供应链中资金财务风险清晰可控。要做到这一点就需要采取各种渠道把握以下 3 个方面的信息：

①现金流和利率状态；

②企业自身的财务管理和内部控制体系；

③借贷状态。

（2）收入自偿化

收入自偿化是指在供应链金融活动中所产生的费用和风险都能够被确定的供应链收益或者未来收益覆盖。如果供应链金融并没有体现出自偿原则，就极容易出现较大的金融风险。

需要指出的是，在供应链金融运营互联网化、数字化的条件下，可能对收入自偿产生影响的因素，不仅仅只是静态地考察货物、要素的变现，还要动态地分析影响变现和收益的时间要素。因为通常周期时间越长，可能产生的风险也会越大。

如果借贷时间较长，就有可能因为外部环境或者其他各种因素，产生行业或业务的波动，对商品或业务的变现能力和程度产生消极影响。

（3）风险结构化

风险结构化是指在开展供应链金融业务的过程中，通过合理地设计业务结构，采取有效的措施或手段最大化地化解可能存在的风险和不确定性。要想践行风险结构化，企业要注意以下两点。

一是针对不同的风险来源，降低风险的策略和途径是具有差异性的。供应链金融因为涉及的企业多，且具有高度的复杂性，所以其风险来源也是不同的。显然，针对不同状态的风险类型，就需要采用多种策略加以弥补，同时还需要考虑这些策略的组合效应。

二是尽管存在着各种化解、分散风险的策略，但是应当看到不同策略和途径的重要程度和风险分散能力是不尽一致的，也就是说降低风险的策略存在着优先级。

供应链金融的三大特点使得企业首先可通过供应链金融缓解自己的资金压力，同时稳定自己的销路和货源；其次，供应链上下游的中小型企业也可以通过供应链金融解决资金流动性的问题；最后，商业银行和担保机构也可以获得风险相对可控的资产。

7.2 供应链金融的融资模式及风险控制

通常来说，常见的供应链金融的融资模式有3种，即保兑仓融资模式、融通仓融资模式和应收账款融资模式。这3种融资模式特点不同，对于资金提供方来说可能出现的风险也不同，需要采取的风险控制策略也不同。

7.2.1 保兑仓融资模式及风险控制

从供应链金融的角度看，保兑仓融资模式是指在供应链中的核心企业承诺回购的前提下，融资企业以核心企业在商业银行指定仓库的既定仓单为质押，并由商业银行控制其提货权为条件，向商业银行申请贷款额度的融资业务。在这过程中，因为涉及的企业多，且操作环节复杂，因此也存在一定的风险。

对于资金提供方来说，保兑仓融资模式存在以下潜在风险。

①核心企业资信风险；

②质押商品监管风险；

③质押商品价格变动风险。

针对以上风险，建议资金提供方在开展保兑仓融资模式的业务时采取以下风险控制措施。如图 7–2 所示。

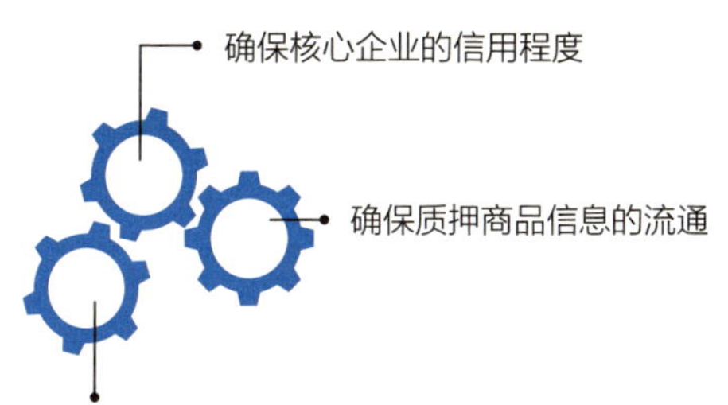

图 7–2　开展保兑仓融资模式的业务时需要采取的措施

（1）确保核心企业的信用程度

某种程度上说，核心企业的信用程度越高，保兑仓融资模式的风险就越小。因此，资金提供方要尽可能地核查、确保核心企业的信用程度。例如某企业采取线上 + 线下的方式深度挖掘核心企业的数据，对该核心企业进行全方位的评估，以确保核心企业的信用程度值得信赖。

（2）确保质押商品信息的流通

质押商品是中小型企业偿还贷款的条件，质押商品的质量和数量就是资金提供方规避风险的保证，物流企业一般比资金提供方更了解质押商品的情况。质押商品信息的流通一方面可以让企业看到当前质押商品的信息状况，另一方面也能在风险发生时及时查找和解决。

（3）根据生产阶段变化、授信风险变动适时调整

要想降低质押商品价格波动的风险，资金提供方就要充分地根据生产阶段变化和授信风险的实时变动调整利率与贷款成数。例如在订单阶段，如果发现不确定性因素较高，资金提供方可以通过调高利率、降低贷款成数的方式降低风险。

7.2.2　融通仓融资模式及风险控制

“融”指金融，“通”指物资的流通，“仓”指物流的仓储。从供应链金融的角度看，融通仓融资模式是指融资企业将其采购的原材料或产成品作为质押物存入第三方物流开设的融通仓，并以此获得商业银行贷款融资模式。这种融资模式的风险成因主要是围绕在存货，即存货的质量、数量和价格。

对于资金提供方来说，融通仓融资模式存在以下潜在风险。

①仓单风险；

②物流企业的资信风险；

③质押物价值风险。

针对以上风险点，建议资金提供方在开展融通仓融资模式的业务时采取以下风险控制措施。如图 7–3 所示。

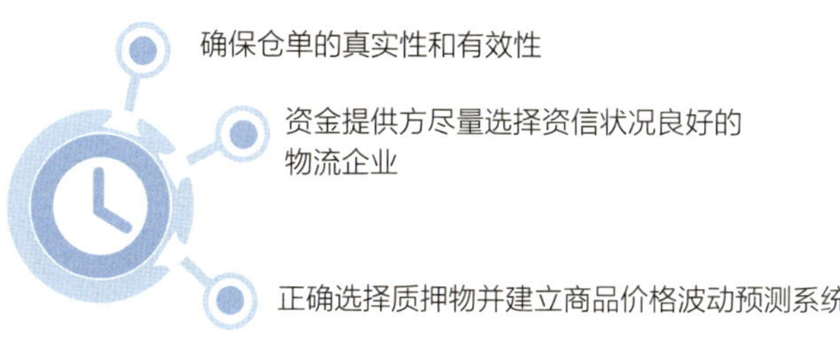

图 7–3 开展融通仓融资模式的业务时需要采取的措施

（1）确保仓单的真实性和有效性

要想确保仓单的真实性和有效性，资金提供方一方面要对仓储企业在办理各种业务的印鉴进行检验；另一方面是必要时，要与物流企业直接联系，要求其遇到问题时还应根据业务要求及时与资金提供方联系，取得其确认与许可。

（2）资金提供方尽量选择资信状况良好的物流企业

在动产质押贷款模式下，一般来说资金提供方与核心企业没有签订回购协议，货物的质量就是资金提供方规避风险的保证，因此物流企业对货物的监管显得更为重要。基于此，资金提供方要慎重选择第三方物流企业，同时也要严格审查物流企业的信誉度和还款能力，最大化地降低风险。

（3）正确选择质押物并建立商品价格波动预测系统

要想降低质押物价值风险，资金提供方就需要根据市场行情正确选择质押物，选取市场占有率高、品牌好的商品作为质押商品，并建立市场需求及价格变化趋势的预测机制，最大化地规避动产质押物价格波动的风险。

7.2.3 应收账款融资模式及风险控制

所谓应收账款融资模式，是指供应链中核心企业的上游中小型企业通过赊销项下未到期的应收账款作为质押物的方式向资金提供方进行融资的模式。这种融资模式的优点是不但能解决融资企业短期资金的需求，还能促进融资企业健康稳定的发展和整个供应链的持续高效运作。

在企业供应链中的资金流，现金只是一小部分，绝大多数采用"赊账"进行结算，大量应收款躺在账上难以流动，因此供应链企业盘活应收账款的金融需求客观存在且巨大。然而，传统供应链金融服务使用应收账款保理、质押等融资方式，操作手续复杂、融资成本高、道德风险也难以防范。

相对于传统供应链金融服务而言，应收账款质押融资模式的风险特征有些不同。

对于资金提供方来说，应收账款融资模式存在以下潜在风险。

①应收账款的真实性；

②核心企业的支付能力；

③转移账款风险。

针对以上风险点，建议资金提供方在开展应收账款质押融资模式的业务时采取以下风险控制措施。如图 7-4 所示。

图 7-4　开展应收账款质押融资模式的业务时需要采取的措施

（1）要求核心企业提供应收账款单据证明

要想最大化地保证融资的真实性和安全性，资金提供方可要求核心企业提供应收账款单据证明，并结合买卖双方的购销合同、增值税发票、货物运输单据、买方收货凭据等，验证该应收账款单据的真实性。

（2）分析核心企业的支付能力

要想确定核心企业的经济实力，以降低资金不充足风险，资金提供方可通过交叉核验的方法分析核心企业的支付能力，并了解收入真实性，最大化地确保核心企业具有稳定的支付能力。

（3）要求融资企业出具《应收账款质押账户收款承诺书》

要想降低融资企业转移账款的风险，资金提供方可要求融资企业出具《应收账款质押账户收款承诺书》，并要求核心企业也将应收账款支付到指定的账号。

综上，供应链金融的融资模式具体以保兑仓融资模式、融通仓融资模式、应收账款融资模式表现出来。资金提供方在开展以上 3 种模式的融资业务时，要针对每种模式的风险特点做好风险防范和风险控制。

7.3 供应链金融管理的主要风险及管控措施

供应链金融管理主要有三大风险，即供应链信用风险、供应链市场风险和供应链物流监管风险。资金提供方都要采取针对性的措施予以管控，以降低风险。

7.3.1 供应链信用风险及控制措施

供应链信用风险是指借款人未按期履行还本付息，而让平台和投资人面临本金和利息受损的风险。通常来说，在供应链背景下，企业的供应链信用风险除了受自身风险因素的影响，还受到上下游企业合作状况、业务交易情况等其他因素的影响。具体来说，企业供应链信用风险出现的原因来源于很多方面。

从宏观层面上看，企业在发展的过程中会受到经济下行、制造业不景气、汇率波动导致的原材料价格上涨、人民币升值带来的出口减缓等诸多因素影响。例如，有的高能耗低环保行业以及制造行业出现了产能极度过剩的情况，使得周期性危机问题凸显，大量企业面临破产危机，导致整个供应链出现大量的信用风险。

从企业内部层面上看，由于企业的内部治理机制不完善，核心企业的上下游面临着频繁更换和撤并的问题，因此供应链整体无法有效整合上下游资源，导致供应链上企业之间的合作效率低下，缺乏协同效应。另外，从企业内部管理上看，人员频繁更换、监管不严、运输物品管理不规范等问题进一步增加了供应链整体风险，间接地增加了资金提供方面临的信用风险。下游企业一旦发生账款拖欠问题，上游企业的资金利息、收账费用、坏账准备等将会大幅上涨，这必然导致终端商品成本上升，进而导致终端售价提高。若企业不抬高终端商品价格，企业的利润又将受到挤压，影响企业长期经营和信用状况。

要想降低供应链信用风险，资金提供方就要落实供应链金融业务风险管控措施，针对核心企业建立资信数据库，全面收集企业的行业地位、偿债能力、盈利能力等信息，最大化了解核心企业的信用情况。

具体来说，资金提供方要做到以下几点。如图 7-5 所示。

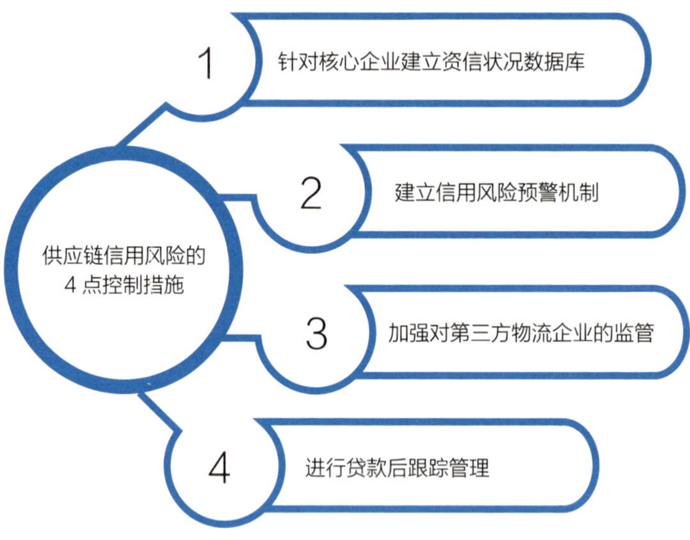

图 7-5　供应链信用风险的控制措施

（1）针对核心企业建立资信状况数据库

要想降低供应链信用风险，资金提供方就要根据审慎考察原则，对借款人进行信用和经营业务的全方位把关，全面考核资金申请企业的综合素质、盈利能力、成长能力、偿债能力等。

在资信层面，资金方不仅要查看核心企业的历史征信记录，还要考察所在行业和区域经济发展状况，重点关注经营能力、信用级别、行业地位和偿债能力，有无大面积违约和集体信用风险事件的发生。在经营业务上，销售额、资金周转率和行业收益率是基本的参考指标，同时还要查看借款企业其历史营收、经营年限等。

（2）建立信用风险预警机制

要想有效地防范因为信用风险造成的经济损失，资金提供方就要建立信用风险预警机制，即关注借款企业的资金状况、信用状况和抵押物质量，一旦发现苗头不对，就要立即采取有效的干预手段。

（3）加强对第三方物流企业的监管

供应链金融中，不仅包含核心企业和中小型企业，还包含第三方物流企业。因此，资金提供方也要筛选物流企业，并建立供应链金融体系的物流企业准入制度，评估其资质和能力，提升供应链金融运行的环境，降低风险。

（4）进行贷款后跟踪管理

金融机构要设置一套专属于互联网金融的贷后管理体系，动态监督交易货物及其流程，以及时监测其潜在的风险。

综上，资金提供方在控制供应链信用风险时，要积极地通过建立核心企业数据库、建立信用风险预警机制、加强监管第三方物流企业和贷款后跟踪管理的方式降低风险。

7.3.2　供应链市场风险及控制措施

通常来说，市场风险主要包括利率风险、汇率风险、股市风险以及价格风险。供应链金融中有很多业务涉及国际贸易，因此涉及的市场风险内容更复杂，常常面临汇率变动的风险和价格风险。

影响市场风险的因素是多方面的，且由于市场机会的不确定性而导致的风险非常高，因此一旦出现不可控或不可预知的不利因素时就可能导致供应断裂，风险很容易波及供应链各个伙伴企业，并在供应链企业中重新分配，使整个供应链可能受到影响甚至崩溃。

因此，资金提供方要针对供应链市场风险进行管控，具体可采取以下几点措施。如图 7-6 所示。

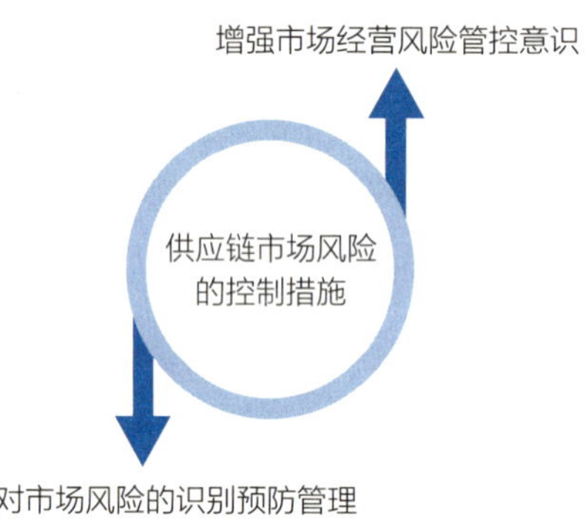

图 7-6　供应链市场风险的控制措施

（1）增强市场经营风险管控意识

资金提供方需要有良好的市场经营风险意识，对于市场经营风险危害有一个客观全面的认识，从而在市场经营工作开展中，考虑各种风险因素，确保供应链金融管理更加科学合理，最大限度地规避各种市场风险。资金提供方需要强化工作人员的风险意识，加强经营风险意识的培养，让他们对市场风险有更强的识别能力。另外，资金方要在风险发生之后，实时采取有效的干预措施，从而降低风险带来的损失。

（2）加强对市场风险的识别预防管理

对于市场风险的管理，资金提供方首先需要从风险识别入手。具体来说，资金提供方需要鉴别风险的来源，同时明确哪些项目可能会受此影响，并分析其成因。其次，资金提供方要对风险因素进行定量分析，根据从各个途径获得的数据进行分析，摸清情况，并综合考量风险所带来的后果。

一般来说，控制利率最根本的方法是在我国实现利率市场化，例如商业银行采取的风险控制方法主要有缺口管理和套期保值两大类。进一步分析，用套期保值的方法管理利率风险有很多不同的方案，其中最重要的有利率期货合约、利率互换和利率期权。对于汇率风险的管理方法有对敞口进行管理、对外汇持有期限进行管理和对汇率波动程度进行管理。

总之，市场风险客观存在，并不以企业的主观意志为转移，面对时时存在的市场风险，重要的是资金提供方能够积极行动起来，加强管控市场风险，并制定相应的解决措施，切实降低所面临的市场风险。

7.3.3　供应链物流监管风险及控制策略

在供应链金融模式下，资金提供方为发挥监管方在物流方面的规模优势和专业优势，并为了降低质押贷款成本，因此会将质押商品监管外包给物流企业。但是由于信息不对称，或者物流企业因利益问题而做出损害资金方利益的行为等各种原因，这一行为也会带来供应链物流监管风险。

例如因为货物在流转的过程中造成商品丢失或者丢单情况，并且丢失的商品很难调查确切信息；由于各种原因（如天气原因、人为原因）很容易造成配送延时，客户会向相关物流企业索赔等。

同时，第三方物流企业的资信状况和监管能力如存在问题也会带来相应风险。在动产质押融资模式下，第三方物流企业负责对质押商品进行监督管理和评估，有时甚至直接参与贷款授信和风险管理。在此情况下，资金提供方就要做好供应链物流监管风险管理。如图 7–7 所示。

图 7–7　供应链物流监管风险的控制措施

（1）重点核查第三方物流企业的各方面能力

通常，物流监管风险防范的起点是与一个资信良好、业务操作非常规范的第三方物流企业进行合作。资金提供方选准这样的第三方物流企业，即使出现一些问题和风险，也能较快较好地协商解决。因此，资金提供方在授信审核时应该重点审核第三方物流企业的营运能力、规模实力、信用记录、仓储、运输和监管条件等。如果第三方物流企业在以上方面都能做得比较出色，那么供应链物流监管风险也会得到相应的管控。

（2）谨慎签订合同

合同是防止物流风险的关键环节之一，在物流管理和运营中具有重要的制衡作用。

资金提供方在签订合同时需要重点关注3点。

①合同的合理性，完善性；

②合同是否具有可行性；

③是否考虑到其经济性等。

（3）建立动态的风险管理机构，落实安全目标管理责任制

风险管理机构是风险管理工作的组织者与防范措施、方案的制定者，更是风险识别、分析、评估、监控、防范和处置的运作主体，一般由权威人士和有经验的人士组成，包括财务、律师和企业主要业务单位的成员代表。除此之外，明确管理人员的责任也十分必要。如果管理人员责任不明确，在工作中态度不端正，也会带来风险。所以，风险管理机构的管理人员必须要明确责任，并落实到位。

（4）提高信息分析能力，预防风险

互联网的普及使得获取信息越来越快捷、及时，供应链物流也随着信息科技的发展成为一个以信息化为支撑的新型服务产业。信息共享和反馈越是全面及时，供应链物流所面临的风险也会越小。因此，要想管控供应链物流监管风险，资金提供方就要时刻关注与本行业相关的各类信息，并根据最新掌握的信息对物流业做出监管，有效预防各类潜在物流风险的发生。

（5）建立有效补救流程

资金提供方应要求员工在风险发生时尽早向上级报告，防止损失的扩大。并且通过培训等方式让所有员工都能尽可能准确、具备安全意识地工作。

总之，供应链物流的风险涉及的范围很广，所造成的后果也有所不同。资金提供方对于不同类型的风险应采取不同的风险管理措施，进而达到控制风险的目的。

第8章

常见的行业风险与控制

不同的行业由于行业属性不同，使得它们面临着不同的风险。本章以 4 个常见的行业为例，分析行业有哪些常见的风险以及如何做好风险防范和控制。

CHAPTER 8

8.1 房地产行业的风险与管控措施

房地产既在国民经济中起重要作用，同时又是人们迫切关注的民生问题。对房地产行业本身来说，最常见的风险常出现在工程项目和业务外包环节。

8.1.1 工程项目风险与管控措施

工程项目是指企业自行或者委托其他单位所进行的建造、安装活动。

一般来说，房地产工程项目风险有以下几种。

①缺乏科学考证，未经过严格审批，盲目上马，导致工程可能失败；

②存在徇私舞弊行为，可能导致工程出现质量低劣和安全隐患等问题；

③项目资金不到位，或者工程项目概预算编制不当和执行不力等各种原因，可能导致工程项目延期或中断；

④工程项目违反国家法律法规，受到处罚，造成经济损失和信誉损失；

⑤重大工程项目变更资料的整理与保存不及时、不准确，给企业带来损失。

面对工程项目风险，房地产企业可采取以下策略予以控制。

（1）工程项目立项环节风险控制策略

在工程项目立项环节，房地产企业可从编制项目建议书、可行性分析和项目评审与决策三个方面进行风险控制

首先，在编制项目建议书方面，房地产企业要做到三点。

①全面了解房地产行业和地区的相关政策规定，以法律法规和政策规定为依据，客观分析该项目的投资机会，以确定工程投资意向；

②严格按照国家和房地产行业的相关要求及本企业的实际情况，明确项目建议书的编制要求；

③对于专业较强或者比较复杂的工程项目，房地产企业可委托专业的机构进行工程投资分析，并编制项目建议书。

其次，在可行性研究方面，房地产企业要做到二点。

①房地产企业要根据国家和房地产行业的有关规定，并结合本企业的实际情况，确定可行性报告的内容和格式，明确编制要求；

②房地产企业可委托专业机构进行可行性研究，但是要重点关注该机构的专业资质、业绩和声誉，以及专业人员的素质和能力。

最后，在项目评审与决策方面，房地产企业要做到三点。

①组建专业的项目评审组对可行性研究报告进行评审；

②评审组要重点关注项目的规模、布局选址、安全以及筹资方式等，对项目进行全方位的分析；

③在决策过程中，一方面要按照决策程序进行，另一方面要伴有完整的书面记录，实行决策责任追究制度。

（2）工程项目审批流程风险控制策略

在工程项目审批流程环节，企业可采取以下措施，以降低项目审批流程风险。如表 8-1 所示。

表 8-1　工程项目审批流程

步骤	具体内容
1	在工程项目审批流程控制环节，相关部门首先要提出投资或者工程项目的需求，提交“工程项目申请单”给总经理
2	总经理收到“工程项目申请单”后，召集相关部门对此工程项目进行论证
3	工程部经理要汇总项目并论证项目信息，包括项目的技术、安全和工程质量等，并将这些信息整理在案，上报给总经理审阅
4	项目通过后，工程部要编制《项目建议书》，并上报上级审批
5	《项目建议书》通过后，工程部要做好工程项目可行性研究
6	项目工程师编制《工程项目可行性研究报告》，再由工程部经理补充完善
7	《工程项目可行性研究报告》得到审批后，可正式启动工作

（3）工程项目招标流程控制策略

在工程招标环节，房地产企业可按照以下步骤，合法合规地开启招标流程，以降低风险。

第一步，招标领导小组负责人根据总经理的项目决策，组织招标领导小组成员备齐工程项目相关文件，然后到建设委员会办理“报建”（即招标备案手续），申请招标。

第二步，招标领导小组根据确定的招标方式准备相关招标文件，如《投标人须知》《招标工程综合说明》《技术规范标准》《项目合同》等相关文件。

第三步，有意向的投标单位根据资格预审文件的要求填写《投标申请书》，并提供相应的证明材料，连同资格预审文件一同交到招标领导小组办公室。

第四步，招标领导小组根据投标单位的资格预审文件对其进行资格预审，确定合格的招标单位。

第五步，招标领导小组向预审资格合格的投标单位发售招标文件。

第六步，招标领导小组组织标前会议，针对投标单位对招标文件和现场考察中的疑问进行解答。

第七步，招标单位根据招标文件及标书要求编制《投标文件》并密封，在招标方要求的截止日期前将《投标文件》交至招标领导小组办公室。

第八步，招标领导小组收到《投标文件》后，组织评标委员会在招标文件规定提交的截止日期前完成评标，并向招标领导小组出具《评标报告》。

第九步，招标领导小组根据总经理的审批结果，向中标单位发出《中标通知书》，同时将招标结果通知未中标单位。

第十步，招标领导小组负责与中标单位进行合同谈判，并于发出《中标通知书》之日起三个工作日内与中标单位签署《施工合同》。

（4）工程价款结算风险管控策略

要想控制工程价款结算风险，企业一方面要建立完善的工程价款结算制度，明确工作流程和职责权限划分；另一方面也要认真地开展工程项目结算与财务管理工作。

（5）工程变更风险管控策略

要想管控工程变更风险，工程单位要建立严格的工程变更审批制度。变更的工程需要按照规定程序尽快办理变更手续，以降低风险，减少损失。若是因人为原因引发工程变更时，需要追究当事人和当事单位的责任。

（6）工程项目内部控制职责分工与授权风险控制策略

企业在建立工程项目的内部控制时，可通过以下方法做好内部职责分工与授权的风险控制。

一是对不相容职位进行分离。企业可通过设置相互分离的不相容职位，明确相关部门和岗位的职责权限，确保办理工程项目业务的不相容岗位相互分离、制约和监督，降低徇私舞弊行为。具体来说，工程项目不相容岗位包括项目建议、可行性研究与项目决策；概预算编制与审核；项目决策与项目实施；项目实施与价款支付；项目实施与项目验收；竣工决算与竣工决算审计。

二是配备具备良好的业务素质和职业道德的员工。具体来说，企业要请熟悉国家法律法规及工程项目管理方面专业知识的会计人员从事这项工作。对于重大项目，企业要聘请具备专业资质和胜任能力的专业人士，包括工程监理、招标代理、工程造价专家、质量控制专家等，让工程项目得到有效的管理。

三是建立规范的工程项目授权和审批制度。企业需要建立严格的工程项目授权和审批制度，使得工程项目的各种业务能够在规定权限和程序中进行。

8.1.2 业务外包风险与管控措施

业务外包是企业在激烈的市场竞争中追求更高利润的必然选择，虽然业务外包有着客观需求，但是房地产企业在做业务外包时，也面临着诸多的风险。如表 8–2 所示。

表 8–2 业务外包的风险及风险描述

风险	风险描述
外包范围不合理	常见的是将核心业务外包，使得企业丧失核心竞争力
外包价格不合理	外包业务的价格不合理，导致外包成本过高，企业成本费用增加

续表

风险	风险描述
未充分利用自有生产能力	自有生产能力没有利用充分就进行业务外包，增加企业的生产成本
外加工业务未经审批	表现在出现越权办理，作弊行为发生
外包单位资质不符合要求	业务外包单位的资质不符合企业要求，企业产品质量无法保证
外加工业务不严格执行规定	使得业务质量无法保证
外包监控不严	出现服务质量低、难以发挥外包优势的风险
外包原料保管归属不清	业务外包的原料的保管和归属责任不清，导致企业的资产损失
外包废品处理责任不清	业务外包的报废成品归属和处理责任不清，导致企业资产损失和信誉损失
违规人员处罚不及时	对在业务程序执行过程中出现违规的人员，没有按责任及时予以相应的处罚，导致企业损失无法弥补，造成恶劣影响
外包费用未及时入账	风险表现在影响财务报告的真实性

面对业务外包风险，房地产企业要采取以下措施予以防控。

（1）建立和完善业务外包管理制度

在业务外包决策中，房地产企业首先要思考的是选择哪些业务进行外包，即确定外包范围。然后根据各类业务与企业核心业务的关联度、对外包业务的控制程度以及外部市场成熟度等标准，来合理地确定外包业务的范围。通常情况下，适合将与自身核心业务关联性不大，相对独立的非核心业务外包出去。如果所选择的外包项目与核心业务的关联度过于紧密，可能这一项目并不适合外包出去。

（2）确定合理的外包价格

通常来说，外包价格过高会让企业得不偿失。面对可能存在的外包价格不确定的风险，企业就需要从外包的人工成本、营销成本、业务收入、人力资源等方面进行分析，以综合确定出一个合理的价格。

（3）充分调查承包方的合法性和资质

面对外包单位资质不符合要求的风险，房地产企业就需要重点考察两点。

一是企业要充分调查承包方是否是合法经营，是否具有相应的经营范围和固定的办公场所。

二是房地产企业要重点调查承包方的专业资质、技术实力以及从业人员的专业技能。

8.2 汽车行业的风险与管控措施

虽然整体上看，汽车行业呈向上发展的态势，但是不少汽车企业无论在管理方式、服务水平还是售后服务上，普遍存在问题，使得不少企业很难在激烈的竞争中实现稳定发展。

8.2.1　汽车行业的三大风险

通常来说，汽车行业会面临以下三大风险。如图 8-1 所示。

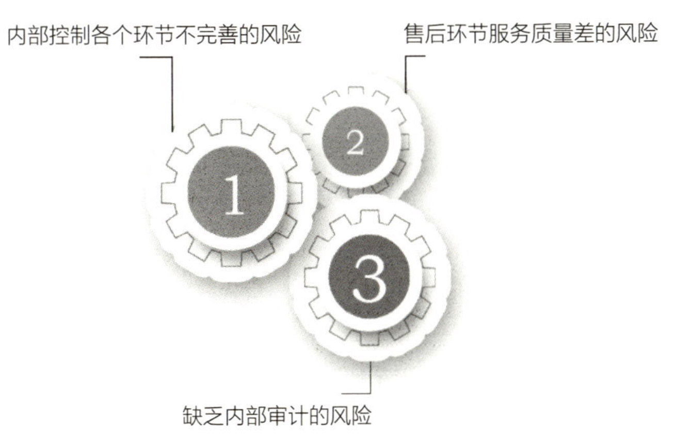

图 8-1　汽车行业的三大风险

（1）内部控制各个环节不完善的风险

汽车企业内部控制制度不够完善具体表现在以下 3 点。

一是不少汽车企业缺乏完善的甚至没有全面的内部控制制度。不少汽车企业认为简单的日常管理即是内部控制，进而让企业暴露在风险中。

二是汽车企业各部门间没有展现出良好的协调性。问题一旦发生，会波及各个部门，引发严重的后果。

三是母公司和子公司没有建立统一、完善的内部管理制

度。通常情况下，一个汽车品牌企业会有很多下属销售公司，这些销售公司在区域上相对较为分散，财务也较为分散，并没有建立一个统一、完善的内部管理制度，从而导致风险发生。

（2）售后服务环节服务质量差的风险

对于汽车企业来说，售后服务是重要的环节。甚至某种程度上说，将汽车销售出去的瞬间才是真正交易的开始，但是不少汽车企业在售后服务环节做得并不到位。新闻曝光的汽车维权事件一直层出不穷。

车质网（国内领先的缺陷汽车产品信息收集平台）资料显示，2020 年共受理消费者针对汽车产品质量及服务问题有效投诉 97007 宗，再次刷新历史纪录，连续 3 年实现阶梯式增长，较 2019 年上涨 10.03%。其中共涉及 194 个国内汽车品牌的千余款车型。汽车质量问题及服务问题既困扰着消费者，也阻碍着汽车企业的稳健发展。

值得强调的是，售后服务环节服务质量差除了汽车企业没有建立一个完善的售后服务体系外，还有一个重要的原因是员工的素质和技能差。汽车企业由于其自身的特殊性和复杂性，很难在短时间内培养出优秀的全方位的员工，大多数汽车企业员工的素质和能力很难满足企业的发展需要。

（3）缺乏内部审计的风险

如果汽车企业没有内部审计，那么长期发展下去，企业会受到徇私舞弊、资源浪费、违规经营、监管处罚等风险的困扰。尤其是在各地有着4S店的大汽车企业来说，离开了内部审计，风险将会不断聚集而导致出现重大危机。

以上三大风险是汽车企业最常面临的三大风险。除了以上风险外，汽车行业还面临市场竞争风险、召回风险等，风险的存在也要求汽车行业做好内部控制和风险管理，采取措施以降低风险。

8.2.2 汽车行业风险的案例解析

2015年9月18日，美国环境保护署指控某汽车品牌所售部分柴油车大量排放尾气污染物（最高可达美国法定标准的40倍）。

随后，该汽车品牌承认操纵了1100万辆汽车的尾气排放，随之爆发了“柴油门”丑闻，使该汽车品牌陷入了一场艰难的危机和诉讼风波之中。据统计，自“柴油门”事件曝光后，该汽车品牌已经蒙受了300多亿欧元的损失。2018年6月，针对该汽车品牌引发的“柴油门”事件，德国布伦瑞克检方对该汽车品牌发出了10亿欧元（约合78.69亿元人民币）的罚款令，该汽车品牌当天即表示认罚，并承担相应的责任。

“柴油门”事件所带来的旷日持久的影响仍在继续。2020年2月，该汽车品牌与德国消费者联合会达成和解，同意向德国23.5万名车主支付赔偿金。根据协议，该公司将支付高达8.3亿欧元（约合65.05亿元人民币）的款项。2020年5月，该汽车品牌就“柴油门”事件为高管缴纳罚款与检方达成第一次协议，同意支付900万欧元（约合7.05千万人民币）以结束德国布伦瑞克检方对大众汽车品牌前首席执行官迪斯和监事会主席潘师提起的诉讼。

该汽车品牌的“柴油门”丑闻及引发的一系列后果为合规风险管理应引起足够重视提供了一个让人醍醐灌顶的例子。

迄今为止，关于“柴油门”丑闻的所有信息都指向了一个经过深思熟虑的蓄意破坏规则的尝试，而不仅仅是合规失效而被揭露。要想帮助组织强化治理并降低合规风险，企业就要采取以下措施。

一是持续评估合规风险。在持续的风险评估基础上，定期更新内部审计计划，以反映重大的或苗头性的合规风险。

二是在每个具体审计业务中清晰地定义治理过程。通过在业务报告中识别具体的治理过程，内部审计部门可以提醒管理层和董事会，让他们了解那些从旨在防止欺诈的设计，到防止数据泄露的保障措施等各种治理过程的价值。

三是与利益相关者建立信任关系。作为受信任的顾问，内部审计更有可能受邀，为可能影响治理和确保有效遵循的战略和目标提供服务。

四是让内审部门变得更合规。每个首席审计执行官必须确保内部审计部门自身合规控制的有效性。如果内审部门自身在治理和合规方面都存在着明显缺陷，那么就很难宣扬合规风险管理和有效治理的价值。高品质的质量保证与改进程序是必需的。

五是不要忽视组织文化。治理与文化之间存在着共生关系，一损俱损，一荣俱荣。大多数合规方面的失败案例，都与文化因素有关。让利益相关方明确这种基本关系是确保有效遵循和良好治理的最重要方式之一。

8.2.3 汽车行业风险的控制措施

针对汽车行业存在的风险，汽车企业需要采取一定的措施予以控制，具体有以下几点。

（1）完善内部控制的各个环节

对于汽车企业来说，只有完善内部控制的各个环节，才能有效避免风险的发生。具体来说，企业要注意以下 3 点。

一是企业要了解每一位工作人员的特点和经验，让其在合适的岗位上完成业务工作。员工的诚信状况、道德素质、敬业精神、业务知识与工作技能、创新能力的优劣是内部控制能否得到有效执行的关键要素。但是，在汽车行业中，不少企业忽略考察员工的素质能力，使得各种问题频频发生。

二是根据企业实际情况制订年度发展战略、月度计划，并

联动各个部门进行沟通协作。具体包括汽车销售、售后服务、汽车维修和配件销售等部门，通过有效的协调合作提升整体的销售业绩。

三是严格监督企业内部各个环节的执行情况，并建立风险控制体系，定期对企业可能存在的风险问题进行评估。具体包括销售、收款、业务审批和合同签订等环节，通过严格监督，以降低风险。

（2）完善售后服务体系

某种程度上说，汽车企业只有建立完善的售后服务体系，收获客户的信赖和口碑，才能稳健地发展下去。要完善售后服务体系，一方面要严格规范售后服务的各个环节，另一方面在向客户提供售后服务时，要认真地了解客户的真实需求并和客户仔细确定维修项目，最大化地保障客户的利益，同时也提升客户对企业的认可程度。

（3）加强内部审计监督环节

内部审计监督是内部控制的主要内容，其结果甚至直接决定了内部控制的效用。基于此，汽车企业要想充分发挥内部控制的价值，就要加强内部审计监督。进一步说，汽车企业要保证企业内部审计部门的独立性，并设置轮岗制度，避免审计人员长期处于同一个岗位出现工作倦怠或者做出一些违法乱纪的行为。

综上，汽车企业可以从销售环节、售后服务和审计监督等方面，进行完善和监督，最大化地避免发生风险，促进企业健康发展。

8.3　餐饮行业的风险与管控措施

餐饮行业在人们生活中占据非常重要的一部分。餐饮行业在给大众带来便利的同时，自身也会面临各种风险，包括食品安全风险、动物疫情风险等。风险的存在也使得餐饮行业需要采取措施予以管控。

8.3.1　餐饮行业的五大风险

餐饮行业是与人们的生活息息相关，并融入人们的健康观念的行业，因此具有一定的特殊性。一般来说，餐饮行业存在以下五大风险。如图 8–2 所示。

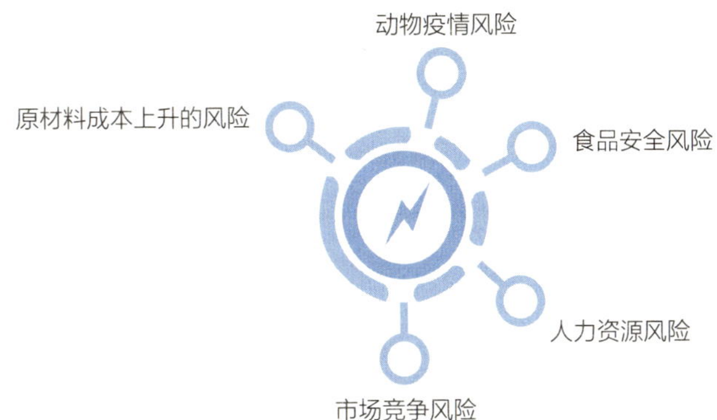

图 8–2　餐饮行业的五大风险

（1）原材料成本上升的风险

通常，餐饮行业原材料成本占主营业务成本较大，原材料的价格也对餐饮企业的盈利有直接影响。换句话说，当原材料成本上升也就意味着企业盈利空间会缩小。餐饮行业原材料的价格会受到自然灾害、养殖成本、动物疫情、通货膨胀等因素波动。如果餐饮企业不能将原材料上涨的价格通过其他材料成本转移出去，企业的净利润就会大幅降低。

（2）动物疫情风险

肉制品是众多餐饮企业必不可少的原材料，例如猪肉、鸡肉、牛肉、羊肉等农产品是餐饮企业制作餐食的重要原材料。一旦碰到动物疫情，例如禽流感、猪流感，将直接影响餐饮行业的业绩。一方面餐饮企业会缺乏原材料，另一方面在动物疫情期间，人们会减少去餐厅就餐的频率。不少餐饮企业在疫情期间难以为继，以破产告终。

（3）食品安全风险

各类有关餐饮行业的食品安全风险层出不穷，例如地沟油、毒豆芽、瘦肉精等，食品安全风险分为特别重大食品安全事故、重大食品安全事故、较大食品安全事故和一般食品安全事故四级。在食物（食品）种植、养殖、生产加工、包装、仓储、运输、流通、消费等环节都存在风险，一旦把控不力，就会对人体健康构成潜在的重大危害，同时也极大影响餐饮企业的信誉。

（4）人力资源风险

餐饮企业属于劳动密集型企业，需要配备相应的服务人员，包括服务员、导购、厨师、洗碗人员等。同时，餐饮行业的人员流动性也相对较大。如何让人力资源跟上业务快速发展的步伐也是餐饮企业需要面临的一大风险。值得强调的是，在人力资源风险方面，餐饮行业的服务人员的素质也十分影响企业的形象。

（5）市场竞争风险

餐饮行业与人们的饮食息息相关，因此不少人投入到餐饮行业，市场竞争大。在菜品方面，同质化现象比较严重。另外，随着人们的饮食偏好和购物方式出现新变化，快餐和网上餐厅也会冲击线下实体餐饮企业的销量。

除了以上五大风险外，餐饮行业还面临管理风险和财务风险等。各种风险的存在也使得餐饮企业需要采取更多的控制措施以降低风险。

8.3.2　餐饮行业风险的案例解析

2017 年 8 月 25 日，某知名火锅品牌发生了一起重大危机事件。

《法制晚报》记者几经暗访后报道，在该火锅品牌的厨房，有老鼠爬进装食品的柜子，扫帚簸箕抹布与餐具一同清洗、洗碗机内部肮脏不堪、顾客用过的漏勺拿来掏下水道……消息一经发布，该火锅品牌瞬间成为众矢之的。

8 月 25 日下午，该火锅品牌发出《致歉信》，正式承认媒体披露的问题属实，表示“感到非常难过和痛心，也十分愧疚……”。该火锅品牌的形象加速崩塌。不到 3 个小时，该火锅品牌继续发出关于这起事件的处理通报，正式宣布涉事的两家店停业整改。

之后，对于该火锅品牌危机事件的网上评论风向出现明显改变，围观者纷纷站队，理解和原谅声汹涌而来，该火锅品牌以瑕不掩瑜、求谅解的姿态，让局势迅速发生倒戈、逆转。

8 月 27 日，该火锅品牌官网发布《关于积极落实整改，主动接受社会监督的声明》，表示对北京食药监局的约谈内容全部接受；同时将媒体和社会公众指出的问题和建议，全部纳入整改措施。

事发期间，线上线下，消费者或者非消费者竟然形成了几个阵营，有人大失所望，有人愤恨难平，有人忠诚维护，有人大度宽容。

该火锅品牌的此次危机事件给我们提供了一次观察企业、理解风险管理的真实案例。

某种程度上说，该火锅品牌的危机处理方式可圈可点。该火锅品牌以不抵赖、不狡辩，迅速、坦诚的态度，使用了 3 招在 3 小时内化险为夷。

第一招，及时发出致歉信，表明态度。

第二招，处理通报，关停涉事两家店，彰显行动。

第三招，发布接受约谈和监督声明，再次强调态度，突出行动。

经过这次及时、有效的危机处理，该火锅品牌成功制止负面信息扩散，成为餐饮行业危机处理的典范。

虽然该火锅品牌从此次危机事件中挽回了企业形象，但这并不意味着毫发无损。在此次食品安全风险中，该火锅品牌形象依旧受到了折损，影响了该品牌在大众心中的形象。另外，从另一个角度分析，如果该火锅品牌再次出现类似的食品安全事件，将会对品牌形象形成重创。因此，餐饮企业切不可大意，面对任何可能发生的风险都要提前做好应对准备，同时要尽最大可能降低风险发生的概率。

要想管理好企业风险，餐饮企业就要从内部控制和风险管理的角度进行深入剖析。

8.3.3　餐饮行业风险的控制措施

面对餐饮行业的风险，餐饮企业可采取以下的措施予以防控。如表 8-3 所示。

表 8-3　餐饮行业的五大风险及其控制措施

风险类别	控制措施
原材料价格上升风险	1. 调整产品结构，以价格稳定的原材料为主 2. 从菜品的粗加工环节开始，最大程度避免浪费 3. 检视运营流程，缩减成本
动物疫情风险	1. 多角度推出多维度餐饮形态 2. 充分利用线上外卖服务增加企业的收入 3. 构建网络销售渠道
食品安全风险	1. 绝不使用不健康、不安全的食品材料 2. 加强食品采购、储存、加工等各个环节的监督和管理，增强食品安全 3. 通过食品安全与教育培训提升全员食品安全意识
人力资源风险	1. 通过专业的培训让员工快速熟悉岗位职责和工作内容 2. 餐饮企业可通过完善薪酬体系提升员工的薪资和福利待遇等
市场竞争风险	1. 多推出新菜品 2. 多提供优质的服务

（1）原材料价格上升风险的控制措施

面对原材料价格上升风险，餐饮企业可通过以下几点去降低风险的影响。

一是调整产品结构，以价格稳定的原材料为主。例如白菜、土豆、黄瓜等。当然，具体的价格稳定的原材料还是以当地的实际情况为准。

二是从菜品的粗加工环节开始，最大程度避免浪费。有的餐饮企业在原材料加工环节会出现浪费的情况，例如扔掉可以使用的菜叶子、需要削皮的蔬菜出现浪费。面对这种情况，企业需要通过会议、培训的形式让相关员工从源头上树立避免浪费的意识，然后将意识践行到行动中，最大化地避免浪费。

三是检视运营流程，缩减成本。某种程度上说，餐饮企业可将原材料价格产生的成本通过缩减其他人力、物力成本的方式转移出去。例如餐饮企业的服务人员过多，管理者可通过缩减人力的方式，降低成本支出。

（2）动物疫情风险的控制措施

发生动物疫情后，消费者的饮食心理和消费习惯会发生变化。餐饮企业可做到以下几点。

一是多角度推出多维度餐饮形态。包括成品、半成品、食品 3 种形态，满足堂食、外带、外卖、餐桌等多种场景，更便于搭建多种渠道销售网络。

二是充分利用线上外卖服务增加企业的收入。

三是构建网络销售渠道。例如火锅品牌可提出自热火锅等，全方位地打开用户购物的渠道。

（3）食品安全风险的控制措施

食品安全对餐饮行业来说是重中之重。面对食品安全风险，餐饮企业需要做到以下 3 点。

一是绝不使用不健康、不安全的食品材料。例如禁止使用地沟油、瘦肉精、毒豆芽等非法添加有毒有害物质的材料。除了不使用不健康的食品材料外，餐饮企业也要聘请专业的、有资格证书的厨师，尤其是处理特殊食材，例如河豚。如果厨师不专业，也会给消费者带来中毒的风险。

二是加强食品采购、储存、加工等各个环节的监督和管理，增强食品安全。

首先，在采购环节，餐饮企业要注意选择和检查食材来源是否符合食品安全标准，必须要特别注意食材供应商的资质、食材检验报告、QS 认证等。

其次，在食品储存环节，餐饮企业要实行“先进先出”的原则，并及时清理变质的食品材料。同时，严格践行原材料分类摆放，并且根据原材料的属性确定摆放的位置和温度。此外，餐饮企业还要定期对食品加工设备进行清洁、消毒、保养，确保食材的安全性。

最后，在食品加工环节，餐饮企业要对高风险的食品品种和加工制作环节实行食品安全重点防控，并对各个环节进行自查，及时整改不符合食品安全要求的行为。

三是通过食品安全教育培训提升全员食品安全意识。餐饮企业根据现实情况，可以组织餐饮部门的员工利用各种形式学习食品安全方面的法律法规、相关知识，也可以集中进行专业技能和食品安全方面的专题教育培训，以此有效提高员工的职业技能和食品安全意识。

（4）人力资源风险的控制措施

面对人力资源风险，餐饮企业可采取以下两种措施。

一是通过专业的培训让员工快速熟悉岗位职责和工作内容。这一过程不仅让员工能更好地到岗履行工作职责，也能降低员工内心的不安全感，降低离职的风险。

二是餐饮企业可通过完善薪酬体系提升员工的薪资和福利待遇等，以此留住优秀的员工，降低员工频繁流动所带来的成本和风险。

（5）市场竞争风险的控制措施

面对市场竞争风险，餐饮企业可采取以下措施。

一是多推出新菜品。餐饮企业要不定期地推出新菜品，以留住老用户和吸引新用户。

二是多提供优质的服务。优质的服务既能提升餐饮企业在客户心目中的综合形象，还能吸引用户再次用餐。餐饮企业要积极培训员工，提升员工的服务质量，进而提升用户用餐的满意度。

综上，餐饮企业要从以上 5 点出发，做好风险防控措施，以最大化地降低餐饮企业的风险。

8.4 教育培训行业的风险与管控措施

近年来，教育培训机构的数量一直呈快速上升趋势。尤其是随着线上培训业务的快速发展，用户足不出户就可以享受到各种教育培训服务，这更促进了教育培训行业的飞速发展。

但是，教育培训行业在快速发展的同时，也面临着众多的挑战和威胁。

杭州市新闻办联合杭州市市场监管局、市消保委举行“守护安全　畅通消费”“3·15”消费者权益日新闻发布会，会上发布的《2020年度杭州市3·15消费维权报告》显示：2020年发生在教育培训行业的举报有1680件，比往年同期增长142.42%；关于教育培训服务的投诉有13363件，较往年同期增长141.51%。在网购投诉举报中，教育培训服务有5861件投诉举报，占网购投诉举报的6.56%，排在网购服务投诉举报第5位。

这些数据一方面说明教育培训行业监管存在不足，另一方面也说明教育培训行业内部管理混乱，被投诉举报呈现上升趋势。面对这种情况，教育培训行业需要一定的管控措施，以降低风险。

8.4.1　教育培训行业的七大风险

教育培训行业由于其特殊性，一般存在以下七大风险。如图8-3所示。

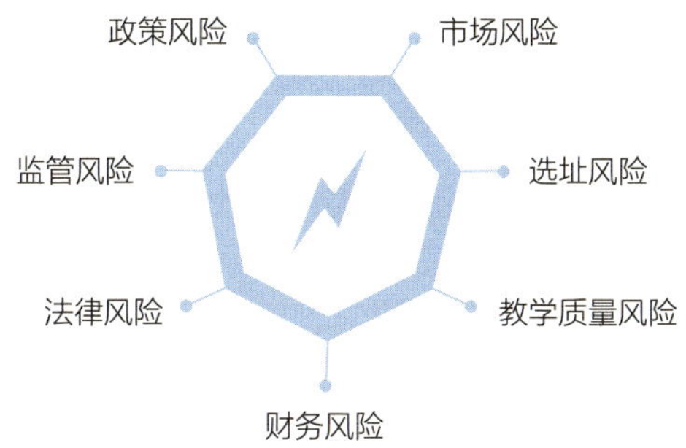

图 8-3　教育培训行业的七大风险

（1）政策风险

随着教育培训机构的快速发展，数量猛增，相关机构的监管政策也呈现出越来越紧的趋势。各地政策频出，对经营范围、招生、收费标准等都做了严格规定。每一次新的政策出台，都会给教育培训行业带来一定的风险。

在招生方面，教育培训机构不可进行虚假的宣传、超越政策规定的宣传以及涉及学员个人信息的宣传。与学员签订合同，不可做过度承诺、保底承诺等违反教育规律的约定。例如，2021 年 5 月，北京市教委深夜通报某培训机构一次性收取或变相收取超过 3 个月或 60 课时费用的违规问题；某培训学校开展低价营销、贩卖焦虑等不当广告宣传问题。对教育培训机构来说，被教委点名通报，就要面临轻则整改、重则直接关闭的风险。

（2）市场风险

伴随着新一轮培训热潮，教育培训机构数量猛增，很多教育培训机构呈现出“高投入，低回报”的态势。究其原因，主要是行业内的不少培训机构展开无序竞争，甚至是恶性竞争。例如有的教育培训结构会为了成本低而无原则地降低授课费。

（3）选址风险

教育培训行业需要教学场地和环境，其风险主要来源于两个方面。

一是教育行业政策规定的几条高压线不能触碰：消防安全不达标，安全通道不符合规定，房屋用途性质不符合规定，整个物业楼房质量不合格，房屋所用材料不符合规定。

二是教育培训机构的位置一般选择在学校附近、社区附近等便于学生流动和接受的范围内，这意味着提高了培训机构租金风险。

（4）教学质量风险

从教育培训机构内部看，不少培训机构师资力量不足，缺乏实战经验强、知识背景坚实的培训老师。与一线城市相比，二线及以下城市的师资力量更呈现出水平参差不齐的现象。除了师资力量不足外，因内部培训人员流动性大，不少培训机构内部管理也比较混乱，很难吸引和留住优秀的培训人才。

（5）财务风险

财务风险也是教育培训行业常见的风险。具体表现为以下两点。

一是现金流不足风险。通常教育培训机构确认收入往往需要对应一段时间的服务期限，一旦受到不可预见因素影响导致出现大范围退费的情况，企业将面临巨大现金流不足的风险。

二是逃避合理税务支出，造成的税务风险。

教育培训机构按照常规主要应交的税有以下4项。

①营业税：营业收入 ×3%；

②城市维护建设税：营业税额 ×7%（市区）或营业税额 ×5%（县城或建制镇）；

③教育费附加：营业税额 ×3%；

④企业所得税：扣除各项税前准予扣除的成本费用后金额 ×25%。

不少教育培训企业常常逃避合理的税务支出，反而会造成税务风险，面临处罚。

（6）法律风险

教育培训机构可能面临的法律风险主要有以下两点。

一是员工聘用及规章制度的合法性、有效性风险。《劳动合同法》对于用人单位有明确的规定，签订正式用工合同，按规定缴纳员工社会保障资金，依法聘用、管理、处分、解聘员工，注重程序的合法性问题。同时在教育培训行业，入职的员工还需要符合教育培训行业用工标准，具备上岗资质，有详细的考核体系和内部管理体系，做到员工公开知晓，同意的情况下按章办事，严格执行。

二是知识产权风险。

涉及教育培训机构的知识产权主要有以下几项。

①著作权风险。教育培训企业所使用的课程、书籍、用具等是否得到了合法的授权。

②企业内部员工的开发项目，需要明确知识产权归属问题，区分个人知识产权及培训机构知识产权。

③商标权风险。培训学校应当通过合法的形式获得商标、标识的所有权或使用权，并完善权利保护制度。

（7）监管风险

虽然《民办教育促进法》规定，营利性民办学校必须依法申办《营业执照》和《办学许可证》，才能从事教育培训活动。但在现实中由于没有相应的配套法规，有关监管职责也划分不清，所以有关教育培训方面的监管很难落到实处。

依据《国务院办公厅关于规范校外培训机构发展的意见》，教育部门应负责查处未取得办学许可证违法经营的机构，并重点做好培训内容、培训班次、招生对象、教师资格及培训行为的监管工作，牵头组织校外培训市场综合执法。但在现实中，大量未取得办学许可的机构仍然违法开展教育培训活动，其师资水平和教学质量根本没有保证，而这些培训机构并没有得到有效监管。从教育培训行业考虑，缺乏监管也会进一步提升其经营风险。

总的来看，教育培训行业风险出现的问题主要有政策、市场、教学、财务、法律、监管等方面的风险。除此之外，教育培训行业还会面临其他风险，需要教育培训行业慎重对待。

8.4.2　教育培训行业风险的案例解析

2019年10月初，多家网络媒体曝出“某知名连锁英语培训机构疑似欠薪、高管跑路，后续影响持续发酵”。20年的老牌培训机构轰然倒塌。

据了解，北京、上海、成都和太原等全国各地的分支机构在国庆节前以装修、封楼等名义停课，国庆节后直接人去楼空，网络上关于该机构的曝光和投诉愈演愈烈。

令人关注的是，受该机构停课关门影响，多名该机构的学员向记者投诉，课程停了但预付的全额学费却面临讨要难的问题，尤其是多数学员办理了学费分期贷款，此时面临无法取消、仍在扣费状态。据反映，当学员办理学费分期业务时，该笔贷款已全额预付给了该机构。不少学员在销售人员的忽悠下贷了很大一笔钱，多的高达14万元。随着该机构人去楼空，也意味着这笔贷款需要学员自己承担。

该机构的轰然倒塌，随后带来的是一片狼藉——培训机构跑路、学员无法退课、负债的还要还款。其中，涉及多家消费金融机构平台的产品。据报道“有一家消费信贷公司，已经贷出去几个亿了。”大家都焦头烂额，一家跑路，人人自危。消费者的贷款要不要还？金融机构会不会倒霉，自己填补窟窿？整个事件折射出了对“场景消费金融”的模式质疑和风险警示。

在本案例中，出现了一个新名词，叫“场景消费金融模式”。“教育场景”被视为场景消费金融领域主力军，备受创新和资本市场青睐。市场竞争本就十分激烈，持牌金融机构、互联网巨头、消费信贷公司争相涌入。可是，围绕金融机构、教育培训机构、消费者学员三方之间的乱象层出不穷。原因何在？根源在于这种新模式的潜在风险没有得到有效管控。

透过本案例，我们可以看到“场景消费金融模式”存在培训机构 A、借款人 B 和金融机构 C 的三角关系，三方基于一个事实和目的，产生了 3 种合同关系。即培训机构 A 和借款人 B 之间是培训服务合同关系；借款人 B 与金融机构 C 之间为借贷合同关系；金融机构 C 与培训机构 A 为渠道服务合同关系。如图 8–4 所示。

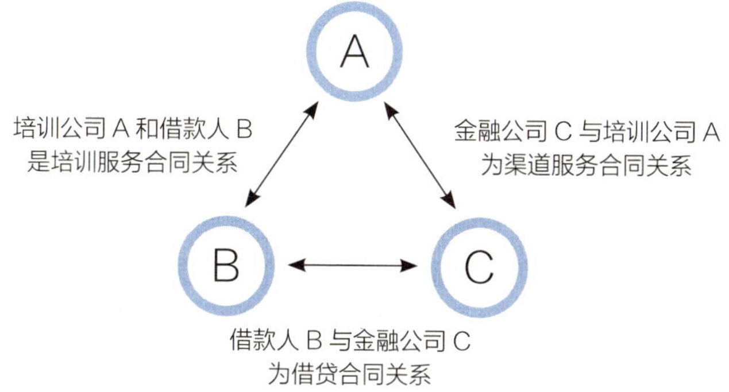

图 8-4 “场景消费金融模式”三大合同关系图

本来这三者形成了三角结构，稳固而坚定。突然，培训机构 A 倒闭了，渠道服务合同、培训服务合同两根支撑横梁顺势倒塌。但是，第三根梁即借款人 B 与金融机构 C 之间的借贷合同关系依然存续，借款合同并未发生变化，借款人 B（学员）还需要继续履行合同中约定的到期还本付息的义务（除非不基于一个目的或者存在排他或免责性条款约定）。如果产生逾期或不良，只要违约了，就必然影响借款人 B（学员）的个人征信。也就是说，借款人 B 由于培训机构 A 的违约，既没有享受到培训服务的承诺，还要背负债务，承担还款的业务，一不小心成了最终受害者。

为了更好地分析这个案例，下面我们分别从金融机构 C、培训机构 A、借款人 B 和政府监管方 4 个角度进行深度剖析。

（1）从金融机构 C 的角度看

首先，我们从金融机构 C 风险管控的角度来重新审视“场景消费金融模式”。

“场景消费金融模式”稳固的商业模式并不是任意三角形，而应该是特定三角形。表面看来，金融机构 C 与培训机构 A 为渠道服务合同关系为主要风险源，是基础主梁，以借款人 B（学员）与金融机构 C 以及培训机构 A 和借款人 B 为次要主梁。合作渠道的风险是主要基础风险，其他为次要风险。其实，问题恰恰出现在此。表面上看似与金融机构 C 无关的培训机构 A 和借款人 B 之间构成的培训服务合同关系才是事实主梁。因为没有该合同，就没有基础，也不会有其他派生的合同。现实中，很多金融机构弄错了主次，忽视了事实主梁，导致风险失控。全面的风险管控逻辑如图 8-5 所示。

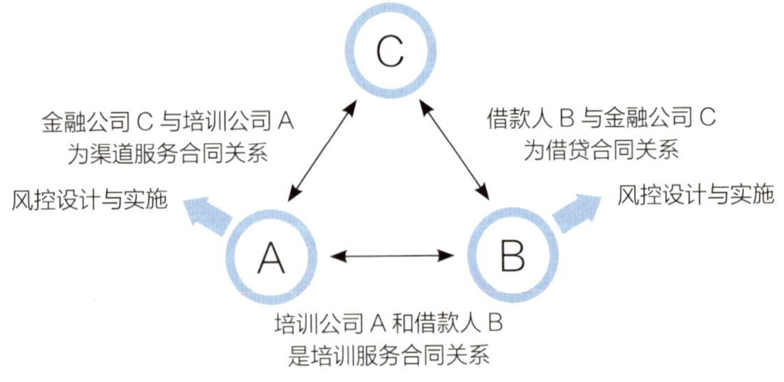

图 8-5 “场景消费金融模式”风险关系图

作为提供资金方的金融机构 C，在涉足场景消费金融信贷业务模式时，在签订培训机构 A 和金融机构 C 的合同、借款人 B 和金融机构 C 的两个合同时，既要识别来自申请人的信用风险，也要识别和管控渠道合作方的运营风险。除了要对借款人B的信用风险、还款能力事先考察之外，更应该全程关注消费服务提供方培训机构A的资金情况、运营情况与持续履约能力，确保底层支撑梁的稳固。根据培训机构A和借款人B、培训机构A和金融机构C的合同，完善贷前管理，做好合规检查、资信调查，审慎进行信用评级，严格管控信用风险，在贷后跟踪管理过程，以及全过程监控培训机构A。

此外，金融机构C还可以采取定期或不定期进行行业分析、现场检查，实施分期支付、节点支付、评价后支付等风险应对措施或者出具评价报告实施内部控制管理和监督，确保双方合同履行，保障消费者权益不受侵害。

（2）从培训机构A的视角看

其次，从培训机构A的视角看，其负有全面履行培训机构A和金融机构C的义务，包括严格执行法律法规，合规经营，全程跟踪进程和异常变化，有问题快速及时解决，防止损失扩大。但凡最后倒闭者，总是有些许兆头和预警信息。比如，各种不大不小的违规行为或处罚。当然，我们不可能叫醒一个装睡的人，假如培训机构A蓄谋欺诈，那只能说是其资信不够。

培训机构A倒闭，也许并不是起初谋划，但是其行为背后或有“赌一把再说”的邪念或有绕过监管打擦边球的侥幸心理。总之，在利益面前，培训机构A脱离了合规底线。

（3）从借款人 B 的视角看

再次，从合同主体另一方的借款人 B 的角度看，他们可能只是为了获得一定的折扣优惠、承诺、礼品，或者是因为跟风、自欺，导致大家都对培训机构 A 判断失误，甚至不惜贷款支付学费。每个人都认为反正有政府管着，也就都不管。对培训机构 A 方违规经营、违规收费也熟视无睹，没有质疑，没有干预，没有监督，人人想搭便车，不去独立思考和行动，因此一次又一次、一个又一个跌入陷阱，集体成为受害方。

（4）从政府监管方的视角看

最后，从政府监管方的视角看，其实早有政策性预防。早在 2018 年 8 月，国务院办公厅就发布《关于规范校外培训机构发展的意见》，明确要求培训机构“不得一次性收取时间跨度超过 3 个月的费用”，旨在规避培训机构一次性收取高额学费后“跑路”的风险。然而，这样的监管政策的效果要取决于两个方面的配合：执行者和监管者。如果执行者践踏规则不予遵守，或者监管者疏于过程检查，都会导致政策失灵。

在上面的案例中，无论是金融机构 C 还是培训机构 A，“3 个月”的限制要求无一遵守，利益作祟，各方忽视风险，无视法规，睁一只眼闭一只眼，再加上借款人 B 的“积极配合”，合规经营的底线被一一突破，损失在所难免。

值得强调的是，模式创新是时代主流，但是每一次模式的创新都隐含着风险。假如携带高风险的模式进入野蛮生长的状态，风险会急剧积累，任意放大，给对方及社会带来难以挽回的损失。

风险不可不察、不可不知、不可不控。一旦让风险管理转变为危机应对，那么更要付出巨大的代价。但是，如果企业在创新的同时，尤其是金融服务创新、高新技术创新的大旗上紧密关联着“风险管理”4个字，那么企业所面临的风险也会随之降低，发展也会更为稳定。

8.4.3　教育培训行业风险的控制措施

针对教育培训行业的风险，教育培训机构可以采取以下几点控制措施。如图8-6所示。

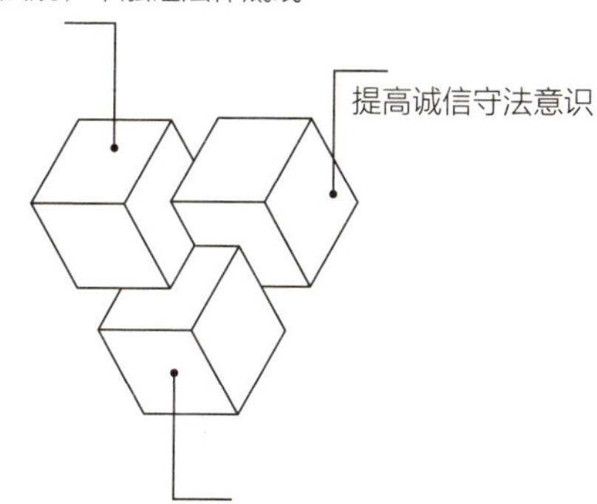

图8-6　教育培训机构的风险控制措施

（1）遵守法律法规，不触碰法律底线

近年来不合规的教育培训机构造成了大量不良社会影响，

甚至于很多知名品牌教育机构连锁“跑路”事件，给学员和家长带来了巨大损失，引起了国家和有关部门的高度重视。诸多事实警示教育培训企业一定要遵守法律法规，不触碰法律底线。

从国家层面上看，相关部门需要尽快完善有关教育培训方面的法律法规，进一步明确监管部门的监管职责，明确教育培训机构的准入门槛，对其开展广告宣传、师资认证、教学质量以及纠纷解决等方面做出具体要求，确保教育培训行业规范发展，并有法可依、有章可循。尤其是针对快速发展中的在线教育培训问题，更是需要细化监管标准，加大执法力度，并与教育部门、市场监管部门等部门加强合作，真正做到让教育培训行业在规范中发展、在发展中规范。

从教育培训机构层面上看，企业的办学地点的运营需要通过消防等各项检验，也需要在财务上建立自我监控机制，税务上及时足额缴纳各项应交税款。在员工管理上做到签约规范，足额缴纳社会保险金。在学员签约上做到权责清晰，收费退费规范运作。

（2）提高诚信守法意识

教育培训行业尤其是在线教育培训还处于不断探索尝试阶段，这就意味着在探索的过程中会发生风险。对教育培训结构来说，要想降低风险，就要提高诚信守法的意识。具体来说，就要做到两点。

一是教育培训机构要从源头上树立诚信守法的意识。要本着诚信合法经营的意识为用户服务，从源头上遏制损害用户合法权益现象的发生。

二是教育培训机构应规范自律发展，自觉抵制违法违规行为，提升其社会责任意识。例如在授课质量、课程设计、售后服务等环节，教育培训机构要严格要求自己，保持着高要求，竭力为用户提供优质教育培训服务。只有教育培训机构诚信守法经营，真诚地面向用户，并主动承担社会责任，才能更好地促进行业健康发展，进而降低企业风险。

（3）加强内部管理，做好内部风险防控

教育培训机构要加强内部管理，做好内部风险防控，以降低风险。例如面临培训教师流动频繁，留不住优秀人才的情况，教育培训机构可通过增加薪酬、社会保险、福利措施等方面的预算吸引和留住优秀的教资人才。

综上，要想控制教育培训行业的风险，教育培训机构既要从法律法规上面严格要求自己，又要做好内部管理，双管齐下，进而降低风险。